Северный богатырь

Андрей Зарин

СОДЕРЖАНИЕ

СЕВЕРНЫЙ БОГАТЫРЬ

СЕВЕРНЫЙ БОГАТЫРЬ

I

ПОБЕДИТЕЛИ

Никогда псковичи не видали столько военных, как в 1700-1702 годах, когда фельдмаршал, боярин Борис Петрович Шереметев, производил все свои военные операции из города Пскова. И войска-то были особые, каких раньше и видано не было: с косицами, в треугольных шляпах, в куцых полукафтаньях, в огромнейших сапогах с тяжелыми тесаками да фузеями, на концах которых торчали ножи.

— Ох! — вздыхали старики, — нонче все по-новому. Прежде стрельцы были с бердышом, с пикою, кафтан до пят, сапоги красные либо желтые, а ныне — что твой разбойник!

"На подбор удальцы! — с завистью думали о них неслужилые молодцы, купеческие и мещанские дети, — и житье вольное. Вино, деньги, бабы. Всего вдоволь!"

— Один другого краше, — тайно вздыхали девушки, смотря на рослых солдат и мечтая о таких мужьях.

Особенно оживился Псков с 9 сентября 1702 года, когда Шереметев вернулся в город на стоянку после целого ряда блестящих побед с войском, покрытым, так сказать, лаврами и отягченным добычею. Будучи послан Петром Великим разорять Лифляндию и Эстляндию, Шереметев выполнил эту задачу с особым рвением, мстя за свое поражение под Нарвой (1700 г.). В январе 1702 года он разбил своего победителя Шлиппенбаха, затем уничтожил на Чудском озере шведскую флотилию, завладел Сыренском и крепостью на устье Эмбаха. Чуть настало лето, и он снова разбил того же Шлиппенбаха под Гуммельсгофом (18 июля), забрав 15 пушек, 15 знамен и 300 пленных. Шлиппенбах укрылся с жалким остатком войска в Пернове, а Шереметев с неописуемой жаждой побед стал гулять по всей Эстляндии. Он взял Везенберг, Вольмар, Гельмет, Смильтен, Каркус, наконец Венден и Мариенбург. Город сдался, но своевольный взрыв порохового погреба был сочтен за нарушение капитуляции, и Мариенбург был отдан на расхищение.

Впрочем, такой же участи подверглись и прочие города. Таковы были время и его военные обычаи. Войско Шереметева не отставало от века, и сам Борис Петрович к противному не поощрял; а какова была добыча, можно судить по тому, что на всю армию Шереметева в три года казна израсходовала всего 40 000 рублей, и то на боевые снаряды и припасы.

Шведские отряды бежали всюду от Шереметева, и самый большой из них был почти добит русскими войсками под Ригой. Шереметев писал донесения о своих победах Петру, а тот, в свою очередь, отписывал своим друзьям-сподвижникам: "Борис Петрович гостил в Лифляндии изрядно, два города нарочитых да шесть малых взял и полону до 12 000, кроме служилых". Перед возвращением в Псков русские отряды грабили все окрестности, увели 20 000 голов скота, выжгли 600 селений, "ели всеми полками, а что не могли поднять, то попалили и порубили".

Девятого сентября 1702 года Шереметев с войском вступил в Псков. С самого раннего утра гремела музыка и неслась удалая солдатская песня, под звуки которых отряд за отрядом входили войска, текли по улицам и словно таяли, разводимые по обывательским домам. Шереметев в боевых латах и шлеме ехал на крупном белом аргамаке рядом с Глебовым и Титовым, своими помощниками. С тонкими чертами овального бритого лица, с белой косою, падающей из-под шлема, скорее тонкий, чем дородный, он производил вернее впечатление французского придворного, нежели неустрашимого воина. Василий Глебов, маленького роста, но толстый, с грубым четырехугольным лицом, скорее походил на сурового полководца, а Кузьма Титов, богатырь по росту, в кожаном кафтане с медной бляхой на груди, с мечом чуть не в два аршина, производил впечатление прямо атамана разбойников. Они ехали рядом и весело кивали головами на громкие приветствия псковичей, толпами стоявших по обе стороны пути.

— Вот так дяденька! — воскликнул рыжий мещанин, толкнув под бок своего соседа.

— Кузьма Титов, — объяснил сосед и прибавил: — Брошу я сапоги шить и уйду в солдаты. То-то жизнь!

"Бум, бум, бум!" — гремел турецкий барабан, покрывая своим грохотом и визг флейты, и частую дробь барабана. "Эй, жги! говори, говори!" — звенел голос запевалы, и отряды шли

2

друг за другом, удивляя псковичей и своими костюмами, и своими богатырскими фигурами.

Прошли пехотинцы в зеленых кафтанах и желтых сапогах; с громом покатились громадные железные пушки; за ними шли бомбардиры и прислуга с длинными банниками; потом двинулась конница: на высоких, толстых лошадях ехали драгуны с пиками в руках, с ружьями на седлах; на горбоносых лошадках скакали косоглазые киргизы с луками и копьями, в своих остроконечных шапках, а дальше, в кафтанах, куртках, а то и просто в рубахах, с мохнатыми шапками на бритых головах, двигались казаки. Бесконечную цепь войска замыкали ряды телег, доверху нагруженных всяким добром, а также стада быков, коров и овец.

На площади у церкви Шереметева встретило духовенство с пением и колокольным звоном, и весь день шло у псковичей пирование. Не было дома, где бы на постое не стояли солдаты, и хозяева радушно угощали их, жадно слушая их рассказы об убийствах, пожарах и насилиях.

— Так им, басурманам, и надобно! — радостно говорили псковичи, — наше к нам ворочается!

Часть войска расположилась бивуаками на площади и вокруг города. Запестрели шалаши и палатки, и весь город принял вид громадного лагеря с непременными часовыми, паролем и лозунгом, с вечерней и утренней зорями, с перекличкой и беспрерывным разгулом.

В кабаке шло веселье с самого утра до позднего вечера. Целовальник Митька Безродный не спрашивал денег, а брал все, что дадут: и материю, и кованый пояс, и пистолет, и вязаные чулки. Купцы и мещане дружились с солдатами и слушали про их веселое житье. Тут же промеж пьянствующих сновали и бабы с задорным смехом и вызывающими взглядами.

Был уже девятый час в начале, и Митька Безродный в вечер на 15 сентября собирался гнать народ и запирать кабак, как вдруг в горницу вошел высокий, стройный, но бледный преображенец в запыленном платье и, оглядев всех присутствующих, громким голосом спросил:

— Братцы, не укажет ли мне кто дороги к генерал-фельдмаршалу?

— А тебе на что? Ты откуда?

— Преображенского полка, братцы! — послышались голоса.

— Вам-то что? — сказал вошедший и резко прибавил: — С письмом от царя! Ну что, довольны? — И он усмехнулся.

3

— Так бы и сказал сразу! А то ишь: к фельдмаршалу! — послышались возгласы.

— Пойдем, что ли, мне по пути, — сказал, поднимаясь с лавки, драгун.

Преображенец нагнул голову, шагнул через порог низкой двери и вышел следом за драгуном на темную, грязную улицу.

— Садись на тележку, — сказал он драгуну, указывая на узкую двуколку.

Драгун сел, преображенец сел рядом, извозчик зачмокал, и лошадь поплелась по грязи.

— Вот так от самого Порхова трясусь, — сказал преображенец.

— С письмом, говоришь, едешь от царя? А где он сам?

— Царь-то? Да в Архангельске. Суда новые спущает, дай Бог ему здоровья!

— А с чем письмо?

— Ну, это — царево дело, я не знаю, — оборвал посланный.

Драгун замолчал, потом ткнул возницу и закричал:

— Стой! Вот тебе и дом фельдмаршала. У купца Большакова он. Вот окно светится. Прощай!

Драгун прыгнул на землю и скрылся в темноте.

— Спасибо! — крикнул ему вслед преображенец, сошел с двуколки и стал стучать кулаком.

Ему отворил дверь рослый солдат с фонарем в руке.

— Скажи генерал-фельдмаршалу: посланный, мол, от царя с письмом! — нетерпеливо произнес преображенец.

— Мигом, батюшка! Иди за мной! — ответил солдат и, заперев дверь, повел преображенца по скрипучей деревянной лестнице. — Подожди тут, — сказал он, оставив его в тесной горенке, освещенной светом четырех лампад у огромного киота.

Через мгновение в горенку вошел красивый сержант и, вежливо поклонившись преображенцу, сказал:

— Пожалуйте к генералу!

Преображенец прошел по темному коридору и вошел в большую комнату. Вдоль стены стояла складная узкая кровать, посреди комнаты находились большой стол с двумя горящими свечами и широкий табурет, накрытый подушкой, и на нем сидел сам Шереметев в просторном желтом халате, без обычного парика, с короткими полуседыми волосами. Преображенец вытянулся и отчетливо произнес:

— От государя генерал-фельдмаршалу Шереметеву письмо, а на словах передать велено, чтобы действовать немешкотно, потому и зима скоро.

С этими словами бравый преображенец засунул руку за пазуху, вынул оттуда платок, развернул его, достал пакет из серой бумаги и подал его Шереметеву.

Фельдмаршал привстал, принимая конверт, потом сломал печать и, придвинув к себе свечи, стал читать письмо. Его лицо оставалось непроницаемым, пока он читал. Потом он сложил письмо, положил его на стол и, обратившись к своему сержанту, сказал:

— Фатеев, сведи молодца... как звать тебя?

— Рядовой Преображенского полка, Николай Багреев, — вытянувшись ответил преображенец.

Шереметев кивнул и продолжал:

— Сведи его куда-нибудь на ночевку. Он при мне пока что в денщиках останется. А потом иди к генералам Василию Лукичу и Кузьме Авдеевичу, чтобы сей минут ко мне шли... Иди!

Сержант браво повернулся, сказал Багрееву: "Идем!" — и вышел из комнаты. Они прошли коридор, горенку; тот же солдат выпустил их из дверей, и они очутились на улице.

— Ну, я тебя, сударь, к нам на квартиру сведу, — сказал сержант. — Живет нас в горнице четверо, ну, а как я нынче в дежурных, то тебе моя постель послужит. Тут недалеко. Шагай!..

II

ДРУЗЬЯ

Действительно, они свернули в узкий переулок, прошли еще с сотню шагов и вошли в низенькую калитку палисадника.

— У приказного Жмохина снимаем, — сказал по дороге сержант, — дочка — прямо красоточка, да прячет, негодяй!

Сержант ввел Багреева в темные сени, пнул ногой невидимую дверь, и она, распахнувшись, открыла просторную комнату с большим столом посредине и брошенными на пол тюфяками. В углах комнаты грудой лежали седла, медная посуда, разное оружие и платье, а за столом, уставленным бутылками и кувшинами, сидели трое молодых, здоровых людей в одних рубахах.

— Вот, государи мои, — начал сержант, как вдруг один из

5

сидящих за столом вскочил и с возгласом: "Николаша, друг мой!" — бросился обнимать преображенца.

— Антоша! — радостно ответил Багреев и крепко поцеловался с молодым человеком.

— Вот и отлично! — воскликнул сержант, — мне и знакомить не нужно. Наш сожитель будет. Савелов, знакомь, а я иду! — и с этими словами сержант скрылся из горницы.

— Иди, иди к нам! — произнес Савелов, ухватив Багреева за руку, — мы все — друзья, славные ребята! Это, государи мои, — мой дружок и землячок, Николаша Багреев. Вместе учились в Москве, вместе служить пошли. Его за его рост Меншиков в Преображенский назначил, а меня сюда, к вам, в драгуны. А это, Николаша, тоже мои дружки — братья Матусовы, Степушка да Семушка, а тот, что ушел, — сержант Фатеев. Куда это он ушел-то? Да и ты откуда? Ну, что же, давай выпьем по чарочке! — Все это он проговорил одним духом и, наконец усадив Багреева рядом с собою на лавку, сказал Матусову: — Лей, Степушка!

Братья Матусовы с короткими, словно волчьими, шеями и волосатыми грудями производили впечатление богатырей с детскими, короткими лицами. Степан беспрерывно смеялся и хлопал брата по плечу, а Семен в ответ встряхивался, как пудель, и восклицал: "Вот так фортеция"![1] Оба они были круглыми сиротами из курских дворян. Когда вышел царский указ о вызове на службу всех дворянских детей, они взяли свои скудные пожитки и вместе с единственным дворовым человеком, Филатом, явились в Москву. Царь сам назначил их в пехоту, а Шереметев зачислил в полк Гумиза.

Степан налил по чарке водки, подвинул тарелку с вареной курицей Багрееву и смеясь сказал:

— Во здравие, виват!

— Виват! — подхватил его брат.

Багреев выпил и стал жадно есть курицу.

— Ну, говори же, — приставал к нему Савелов, — что делал, как служишь? Часто ли государя видишь? Как сюда попал?

— Ишь, засыпал, — засмеялся Степан, — дай поесть ему. Видишь, отощал. Прав я, Семушка?

— Известно. Лей ему еще! — пробасил Семен.

Багреев выпил еще и тогда оправившись стал отвечать на вопросы. Где он служит, что делает? Да ведь не так давно расстались — всего два года. Правда, в это время он царю

_____

[1] Крепость.

6

полюбился, и тот его в денщики взял, а кроме этого ничего. При царе и хорошо, и боязно. Чуть что — и палкой по плечам, руки потом не поднимешь. И потом — все служба! Спишь, хорошо, если четыре часа. Где он, там и ты, а он как есть везде.

— Диво дивное! — восторженно воскликнул Савелов, — чудо времени, адамант! Видит сквозь землю, слышит за версту! И везде сам.

— А пожил бы подле него, — со вспыхнувшим лицом подхватил Багреев, — не так дивился бы. Все знает, все умеет, и в простоте никто с ним не ровен. Слышь — Петр Михайлов, а ведь это — он!..

— Ну, а зачем ты сюда приехал? — спросил Савелов.

— С письмом от царя к фельдмаршалу. Надо думать, завтра поход будет. Царь в Архангельск приехал, думал — шведы там будут, сказывали, будто собираются А их нет. Царь пока ждал, корабли все строил, именины справил — знатно пили, а потом в Соловецкий монастырь уехал и там поход надумал: Ингрию² воевать хочет.

Багреева слушали с жадным любопытством. Привыкшие к боям молодые сердца уже радостно бились.

— Ха-ха-ха! — весело засмеялся Степан, — опять погреемся.

— Вот так фортеция! Выпьем! — добавил Семен.

— Можно! — согласился Багреев и стал рассказывать снова.

Знают ли они про победы Апраксина? Как он на реке Ижоре Кронгиорда разбил и гнал до самой Славянки? Теперь шведов везде бьют, где только встретят, а их король в Польше за Августом гоняется.

— И пусть его! А мы тут им шеи наколотим!

— Ха-ха-ха! Ладно сказано, Семушка!

— Здорово! Лей, Степушка!

— Можно! Ну, а у тебя что? — спросил наконец Багреев.

Тот вдруг сделался грустным, и его безусое лицо побледнело.

— Что с тобой? — с удивлением взглянул на него Багреев.

— Амуры у него, ха-ха-ха! — засмеялся Степан, — я ему говорю пей! Так, Семушка?

— Правильно! Пей — и всему крышка!

— Эх, не понимают они меня, Николаша! Выслушай ты и рассуди сам. Слушай! Видишь ли, как мы взяли Вольмар, сам Шереметев с Глебовым на Мариенбург пошли, а генерал Титов задержался, дабы вокруг еще пообчистить. А с ним и наш полк,

---

² Ингрия — страна, располагавшаяся по берегам Невы и Финского залива.

и я, значит. Ну, хорошо. Бьем мы это шведов, где пятьдесят, где двенадцать человек, и идем себе. Мы-то, драгуны, все впереди, в разведках. Идем, идем. Только вдруг тебе мыза, усадьбишка такая — Уморительская, Заморительская, нечистый ее знает, как и звать-то[3]. Достали языка[4] Слышь, три сотни шведюков сидят! Мы это назад. Сейчас пушки, пехота, обложили их, ну, и как тараканов! — Савелов вздохнул, помолчал и заговорил снова: — Грабят это наши. Вой, крик!.. Только слышу женский голос, да еще по-русски. Меня словно ударило! Ей-Богу! Что такое? Скачу, гляжу, возок; наши вокруг, а оттуда так-то ругаются. Я к возку. Сидит там баба, от солдата узел тянет и орет, а рядом — девушка. — Он закрыл лицо руками и ахнул. — Ах, Николаша, если бы ты видел! Что это? Ангел, голубь белый. Чистота, а в глазах страх... бледная. Я на солдата. "Мое, кричу, — пошли!" — замахал саблей. Ну, и отступили. Я с ними рядом. Очнулись. Кто, откуда, как сюда попали? Слышь, купецкая жена да дочка; дочь-то Катюшей звать, Катя...

Лицо его озарилось улыбкой, потом омрачилось снова.

Семен Матусов положил голову на стол и храпел; Степан спал тоже, прислонившись к его плечу; сальная свечка нагорела и чадила; табачный дым застилал горницу.

— Катей звать. Купца Пряхова из Ингрии, новгородского купца... Были они это в Риге, ехали в Остров, оттуда, значит, на Новгород и домой куда-то. Я уж и не понял даже; все на Катю смотрю. Ну, и поехал с ними. А как Мариенбург брать — их и нет: пропали, сгинули... Или убили их, или уехали, — и Савелов схватился за голову и застонал.

— Да тебе-то что? — удивленно спросил Багреев.

Тот в свою очередь взглянул на него исступленным взглядом.

— Да полюбил же я ее, пойми! — прошептал он, схватывая Багреева за руку, — и она меня. Старуха уснет, мы целуемся. Ах, не забыть мне ее, не забыть! В Острове был, искал, тут искал. Нет и нет!

Багреев сочувственно взглянул на друга и, видя, как он убивается, сказал:

— Может, и найдешь. Вот теперь в Ингрию идем...

— Ах, если бы!

Свечка догорела и шипя погасла. У Багреева от усталости слипались глаза. Он нашарил чью-то постель и повалился на нее, а Савелов все шептал:

---

[3] Умровильская мыза.
[4] Военнопленный.

— Ах, если бы найти! Ведь как любились-то! Три дня, как сон. Я даже не грабил ничего...

А в это же время у Шереметева сидели Титов с Глебовым и внимательно слушали письмо царя к фельдмаршалу.

"Сами чаем немедленно быть в Ладогу и Вам о том же указываем. Понеже так все слаживается, что легко можем фортецией Нотебург овладеть и тем свои виктории много увеличить"...

— Отдохнуть не пришлось, — промолвил Титов.

— Государь об отдыхе не мыслит, токмо о славе оружия, — так нам ли говорить о том?

— А каким путем пойдем к нему? — спросил Глебов.

— Я уже глядел. Прямо на Порхов, а оттуда вдоль по Волхову до самой Ладоги. Надо, Василий Лукич, лодки наготовить и чтобы продовольствие и прочее все в порядке.

— Это уж известно. Когда же тронемся?

— Завтра нельзя, а послезавтра надобно сниматься. Кузьма Авдеевич впереди пойдет, а там мы оба.

— Так завтра с утра и за работу! — сказал Глебов, вставая.

Титов поднялся тоже, и они ушли, оставив Шереметева.

Он раскрыл карту и долго рассматривал ее, потом улыбнулся, набожно перекрестился и сказал:

— Да, русский орел заклюет Швецию. Уходи, Карл, подальше их этих мест!

Он отошел к своей постели и медленно стал раздеваться.

Фатеев в крошечной горенке, сидя на табуретке, крепко спал, свесив на грудь голову.

Спали все, и только Савелов лежал неподвижно без сна. Ему представлялась русая головка милой Кати; он видел голубые глаза с ресницами, что стрелы, видел пунцовые губы девушки и ряд белых ровных зубов, обнажаемых улыбкой, вспоминал душный летний вечер, когда ее руки обвивались вокруг его шеи и губы тихо шептали: "Милый ты мой, любимый!" Он закрыл поцелуями тогда ее губы. И вдруг все это исчезло, как сон, исчезло, чтобы томить его непрерывной тоскою об утраченном счастье!

— Николаша! Слушай, Николай! — окликнул он спящего Багреева.

— М-м-м-м, — промычал тот и повернулся на другой бок.

— Мы ведь найдем ее, а? Побожись, что поможешь, скажи: "Ей-Богу!" — и он стал тормошить Багреева.

— Ей-Богу! — ответил тот и захрапел снова.

III

НА БЕРЕГУ ПУСТЫННЫХ ВОЛН

В ясный сентябрьский день вниз по Неве тихо спускалась небольшая лодка. На скамейке, обняв друг друга, сидели две девушки: одна — русая с голубыми глазами, а другая — с темными волосами и серо-зеленоватыми глазами; на корме же лодки стоял и правил веслом юноша. Ему было лет восемнадцать, но в высоких желтых кожаных сапогах, в серой куртке, на поясе которой висел нож, с русыми кудрями, едва сдерживаемыми войлочной шапкой, с открытым, смелым лицом, он своим ростом и широкими плечами, и крутой грудью производил впечатление молодого богатыря. Он лениво шевелил веслом, и лодка медленно скользила вдоль берега, покрытого густым сосновым лесом.

Она спускалась приблизительно от того места, где нынче в Петербурге находится Калашниковская пристань. Тогда же (в 1702 г.) на этом месте находилась деревня Манола, заселенная финнами, преимущественно рыбаками.

И весь вид Невы имел тогда совершенно другой характер. Ее крутые берега щетинились еловым и сосновым лесом; не стояли пароходы и баржи, а лишь кое-где мелькал белый парус легкой ладьи рыбака, да редко-редко через реку переползал неуклюжий плот, служивший для переправы, там ниже, где теперь Смольный монастырь. На месте последнего находилось большое село Спасское — старинный русский поселок новгородских купцов, а напротив, где теперь Охта, стояла крепость Ниеншанц и против нее, через речку Охту, город Ниен.

Лодка медленно приближалась к этим местам, и на левом берегу уже виднелись тесовые крыши домов и амбаров и среди них зеленый купол церкви, а на правом — крепость со рвом, шестиугольной стеной, с шестью башнями и неуклюжими, длинными пушками, а за нею — черепичные крыши городских домов и амбаров.

Всего три года тому назад здесь кипела жизнь, стояли шенявы и барки, на пристанях суетились люди, а теперь из-за войны с Россией все затихло, замерло. Многие из шведов в страхе, что придут русские, бежали в Выборг, а русские перебрались в Новгород, и оживленная местность приняла описанный вид. Только шведские солдаты шныряли тут и там, только шведские военные суда то спускались, то поднимались по Неве, да по деревням шли равнодушные финны, промышляя охотой и рыбной ловлей, да в селе Спасском осталось еще десятка полтора купеческих семей и их приказчиков, более смелых или более тяжелых на подъем.

К числу таких принадлежала и семья богатого купца Пряхова, торговавшего в Новгороде и осевшего в Спасском еще до времени прихода Делагарди (1611 г.). Теперешний Пряхов уже не помнил того времени, но знал, что и отец, и дед его здесь грузили суда и сплавляли их вниз через Балтийское море в далекую Англию и города Ганзейского союза.

Закоснелый старовер, Пряхов не возлюбил смелого преобразователя, царя Петра, за его новшества и не называл его иначе, как порождением антихристовым, а когда другие его товарищи ввиду военного времени тронулись с места, он вначале только плевал и махал руками.

— Наше место свято, сто лет тут торгуем; нехристь-швед не мешает, так и этот пройдет мимо! — говорил он и не трогался с места.

Но приближалась опасная пора; нехристь-швед: в лице коменданта Ниеншанца несколько раз наведывался в Спасское, что-то измеряя, прикидывая и соображая с другими офицерами, и стали слышаться речи, что шведы хотят жечь Спасское и строить на его месте редуты.

— Ты что же в мыслях задумал? — начала приставать к мужу Пряхова. — Или хочешь, чтобы они все наше добро огнем спалили, или ждешь, чтобы царские потешники нас разнесли.

— Оставь! — отмахивался Пряхов, — не бабьего ума это дело!

Однако он стал задумываться и наконец решил переезд, для чего сначала снарядил обоз, нагрузил его всем своим товаром и отправил с приказчиком Грудкиным в Новгород, куда шла прямая дорога от Спасского; затем, дней десять спустя, он решил ехать со своей семьей и домашним скарбом.

Пряхов с женой и работниками суетился по дому, по кладовым и амбарам, а тем временем его дети, дочь Екатерина и сын Яков, с дочерью приказчика Софьей гуляли или катались в лодке, прощаясь с бором, с берегами Невы и самой Невой.

— Скучно будет! — вздохнув, промолвила Катя и любовно огляделась вокруг: — Все тут знаешь, везде-то резвились, радовались, а там...

— Свыкнешься! Да и не навек едем в Новгород, — ответил брат. — Я так думаю: царь-батюшка со своими воинами живо

11

этих кургузых шведюков разгонят, и все это, — он махнул рукой, — нашим русским станет. Слышь, оно и было наше.

— Тсс! — испуганно остановила его сестра, — как ты царя-то величаешь? Вот ужо тятенька услышит, он тебе задаст.

— Что мне тятенька? Он так думает, а я иначе понимаю. Против Петра Алексеевича и царя не было. Вот что! Вот вы в Новгород поедете, а я к царю убегу! — и глаза его разгорелись, а грудь заходила ходуном. — Я знаю, где он... тут, недалеко! Да!.. И убегу! — упрямо повторил он.

Сестра покачала русой головкой, а ее подруга, Софья Грудкина, вдруг побледнела.

— Воевать пойдешь? — спросила она дрогнувшим голосом.

— А то что же? Муку мерять да овес ссыпать, что ли? — ответил Яков.

— А если забьют? — голос Софьи упал до шепота.

— Других не бьют, зачем меня? А добра-то сколько навезу! Ой-ой! Вот тут внизу, слышь, Адинцова мыза. Чего в ней нет! Все наше! Я уж этих кургузых набью... Ух!..

— А что они тебе сделали? — задорно спросила Катя.

— Что? — Яков даже усмехнулся и потом воскликнул, — одно — веры не нашей, а потом носы дерут. Прошлый раз стоят и орут: "Паром, паром!" Я слышу, а мне что? Нешто я при переправе? Переехали они и на меня: "швин, швин", — он передразнивал шведов. — Ну, я и саданул одного. Он кувырком, а они все на меня, четверо! Едва отбился от них. Ей-Богу! А Ермила в острог забрали, зачем, вишь, не поклонился этому старшему. Тоже!

— Правда, охальники, — подтвердила Софья, — и я понять не могу, почему с ними батюшка якшается.

— Наши старики с ними торгуют вместе, вот и дружба. А мне что? Я — русский и, ежели они с нами воюют, то я буду против них! — горячо отозвался Яков.

Екатерина теперь молчала и задумчиво смотрела по сторонам. Вскоре они подплыли к своей пристани. Как есть против них на другом берегу стояла крепость.

— Что это, поглядите? — воскликнула Екатерина.

Яков и Софья взглянули на другой берег и увидели у крепостной стены большой галиот[5], из которого друг за другом выходили шведские солдаты и вереницей шли в крепость. С того берега раздавались крики, грубые слова команды и звон оружия.

— Чуют, вороны! — усмехнувшись, сказал Яков и, бросив

---

[5] Судно.

весло, стал притягивать лодку к деревянным сходням.

— Ай! Фрейлен Катерина, фрейлен Софья! Камрад Яков! Добрый день! — раздался с берега визгливый голос, и с крутого спуска быстро сошел на пристань юркий худощавый мужчина в синем мундире шведского офицера, в черных кожаных перчатках с крагами и с громадной шпагой на боку.

Молодые люди холодно поздоровались с ним, а он, прижимая руки к своей узкой груди, слащаво заговорил по-шведски:

— Комендант узнал, что ваш славный батюшка отъезжает со всем своим домом от нас, и послал меня выразить ему свой привет, а я сам, — и офицер опять перегнулся, — не могу удержаться, чтобы не пожать ручки фрейлен Катерине и не поцеловать щечки фрейлен Софьи.

— Мало каши ел! — пробормотал по-русски Яков, а девушки вспыхнули и торопливо стали взбираться по крутому спуску.

Офицер хотел было помочь им, но споткнулся о шпагу и упал. Яков схватил его за высокий воротник мундира, приподнял, встряхнул и поставил на ноги. Офицер сердито нахмурился и бросился догонять девушек, но те уже скрылись, быстро шмыгнув в калитку высокого, плотного забора, окружавшего ряд крепких деревянных построек.

Яков только усмехнулся на гнев офицера, привязал лодку и обратился к нему:

— Для чего это столько солдат приехало?

— Да чтобы русских свиней бить! Они уже сюда подбираются. Да! Хотят Нотебург брать. Ну, да сломают зубы.

Яков радостно улыбнулся, и в его глазах сверкнуло торжество.

— Вестимо сломают! Эти солдаты-то, наверно, от генерала вашего Кронгиора ворочаются? — насмешливо спросил он.

— Мальчишка, прикуси язык! — закричал шведский офицер. — Не будь у тебя сестры, я бы избил тебя!

— Ты? — и Яков замахнулся.

Вероятно, офицер полетел бы через мгновение в воду, если бы сверху не раздался испуганный оклик Софьи: "Яша!" Она в беспокойстве вернулась на берег и теперь со страхом махала Якову рукой, в первый раз назвав его уменьшительным именем. Яков опустил руку, презрительно взглянул на перепуганного офицера и взлетел на берег.

— Это ты меня так назвала? — радостно спросил он.

Девушка зарделась.

— Испугалась я...

— Любишь, значит? — шепнул Яков.

Девушка вместо ответа громко рассмеялась и сказала:

— Смотри-ка, смотри!

Яков взглянул вниз. Офицер топал ногой, грозил кулаком и выкрикивал какие-то ругательства по адресу Якова, потом махнул рукой и быстро пошел к пристани парома. Яков тоже засмеялся.

— Я ему его Кронгиорда помянул. Бежал-то он мимо нас, когда его Апраксин отколотил. Помню, мне один швед рассказывал, пока их на паром сажали: "Так, — говорит, — били, и с боков, и спереди!" Ха-ха-ха! Вот он и обозлился.

— Смотри, в крепости пожалуется, — тревожно сказала Софья.

— А мне что? Я все равно уйду отсюда и их бить буду!

— А я? — девушка потупилась и смахнула с глаз слезы.

— А ты меня дождешься и повенчаемся. Вот что! — ответил Яков и, вдруг обняв Софью, прижал ее к себе.

Она прильнула к нему и прижала свои губы к его щеке.

— Как это вдруг все! — через минуту произнес Яков, смотря на Софью пьяными глазами, а она счастливо засмеялась.

— Яков, где ты? — послышался резкий голос, — иди помочь!

Софья быстро шмыгнула в калитку. Яков оглянулся и увидел бегущего к нему по улице здорового парня.

— Дядюшка зовет телегу грузить, без тебя рук мало, — сказал подбегая работник.

— Идем! — весело отозвался Яков и через минуту суетился подле амбара, вместе с отцом и двумя работниками укладывая сундуки и ящики на телегу.

Пряхов угрюмо следил за работой и вздыхая повторял:

— Антихристовы затеи. Нет ему, нехристю, упокоя!..

IV

АРЕСТ

Пока Яков с отцом и работниками нагружали телеги, жена Пряхова торопилась с укладкой по дому. В низкой горнице, служащей для трапезы, она вынимала образа из громадного

14

киота и, бережно завернув их в новые холстины, сдавала на руки двум девушкам.

А наверху в тесной светелке сидели Катя с Софьей и обменивались своими девичьими тайнами.

— Ведь ты не сердишься, — краснея, как вишня, сказала Софья, — что я твоего брата полюбила? Нет?

— Да что ты! Да Господь с тобою! — обнимая подругу, ответила Катя. — Я с тобою — что сестры, а теперь и впрямь породнимся.

— А сам? — упавшим голосом прошептала Софья.

— Тятя бы с охотою. Только вот Яша на войну хочет.

Софья закрыла лицо руками и заплакала.

— Бедная я, горемычная! И любовь моя со слезами и печалью! — жалобно заговорила она.

Катя горячо обняла ее и заговорила дрожащим голосом:

— Не плачь, Соня, не одна ты горемычная. И я тоже... Какое!.. Мне хуже твоего, горше...

Софья с удивлением взглянула на нее.

— Никому не говорила я до сих пор, а тут невмочь. Слушай! Помнишь, как я с матушкой в Ригу ездила летом?

Софья кивнула. Слезы ее высохли, и она, полураскрыв губы, жадно слушала свою подругу.

— Помнишь, матушка сказывала, как на нас русские напали и за нас один воин вступился? Потом мы с ним до Мариенбурга ехали, а там бой начался и мы ночью уехали? — спросила Катя подругу; когда же та опять кивнула, она совсем прижалась к подруге и еле слышно прошептала: — Я, Соня, того воина полюбила и он меня... целовались мы... Он говорил, как кончится война, он приедет и женится. Да, видно, не сбудется это. Ведь уехали мы от него, и знаю я только, что зовут его Антоном и что он на коне... уехали и не простились даже.

Софья почувствовала на своей щеке горячие слезы. Она в свою очередь обняла Катю и спросила:

— А он знает, как тебя звать и откуда ты?

— Я сказывала. А вдруг он забыл или, может, убит, голубь мой! Ведь и я ничего-ничегошеньки не знаю о нем.

— И полно! — оживляясь сказала Софья. — С чего убит? Жив! А запамятовать разве можно такое? И тужить тебе нечего. Кончится война — и вернется он, и справите свадьбу. Ирина Петровна как его хвалила...

— А тятя разбойником ругает.

— И он обойдется, — уверенно сказала Софья и вдруг вскрикнула, заглянув в окно, а затем испуганно сказала: — Гляди!

15

Катя выглянула во двор и увидела двух шведских солдат, горячо говоривших с самим Пряховым и Яковом.

— Что такое? — сказала Катя, — пойдем!

Девушки быстро сбежали с лесенки в сени, а из них — во двор.

В это время старик Пряхов махал руками и кричал, мешая шведский язык с русским:

— Велика птица ваш Ливенталь! Ишь ты! По соседству генерал ко мне с поклоном посылает, а он — на-ка — на сына жалуется. Да что ему сын сделал? А?

— Говорил непристойные вещи, кулаком грозил, — ответил один из солдат и перебил сам себя: — Да нам что? Нам приказано привести и доставить в крепость.

Софья побледнела и, чуть не лишившись чувств, вскрикнула:

— С ним, как с Ермилом, сделают. Задавят!

— Не бойся! — ответил Яков, быстро обернувшись к ней, — я — не Ермил.

— Что же они от тебя, басурманы, хотят? — закричал отец.

— Яша, куда тебя? Зачем? — испуганно крикнула и мать.

Яков был бледен и нервно сжимал кулаки, сдвигая брови.

— Ну, нам говорить некогда! Идем! — грубо сказал один солдат, трогая Якова за плечо.

— Куда? Зачем? — кричала мать, — не отдам вам его.

— Яша, не иди с ними! — с плачем воскликнула Катя, а Софья только молча протягивала руки, словно желая удержать своего милого, и что-то шептала побледневшими губами.

Старик яростно хлопнул шапкой о землю и выкрикнул:

— Ну, так и я с ним в плен пойду! Нехристь этот самый комендант, а все же поймет. Мы и так уезжать хотим, нам в ваши дела не путаться. Иди, Яков!

Последний повернул к отцу бледное лицо, и его глаза сверкнули, а голос впервые зазвучал при отце самоуверенно, твердо:

— Оставь меня, батюшка! Неспроста это все. Сбирайся и поезжай с Богом, а я все равно от них уйду и здесь же вечером буду. Не гневись, а послушайся!

Отец сперва изумленно отшатнулся, но потом, словно одумавшись, кивнул сыну и сказал:

— Будь по-твоему! Благослови тебя, Господи!

На дворе поднялся вой. Закричали и стали причитать в голос мать и обе девушки, а их плач подхватили служанки.

Яков крепко и нежно поцеловал мать и сестру, нагнулся к

16

Софье, быстро шепнул ей: "Жди в саду всю ночь!" — и обратился к солдатам:

— Ну, идем!

Женщины заголосили еще громче.

— Бабы, в дом! — не выдержав, закричал и затопал ногами сам Пряхов, а в это время Яков под охраной двух солдат уже выходил со двора. Старик махнул рукой и, крикнув работников, еще деятельнее занялся укладкой. — Живо, бабы, укладывайтесь! Солнце зайдет, и мы в дорогу. Живо, живо!..

А солнце уже спускалось, и вечерние сумерки окутывали оба берега Невы серою мглою, смешиваясь с густым, поднимающимся от воды туманом.

Солдаты сели в лодку вместе с Яковом, перевозчик налег на весла, и лодка тяжело двинулась вверх против течения, чтобы потом спуститься к пристани крепости. Солдаты оживились и грубо шутили над Яковом.

— Подожди, русская свинья, будет тебе палка!

— Узнаешь, как шведского офицера поносить, скотина! — выругался другой по-шведски.

Яков исподлобья взглянул на них, потом на перевозчика и вдруг в одно мгновение вскочил на ноги, вырвал весло из рук лодочника и двумя страшными ударами по головам свалил солдат. Они упали на дно лодки с разбитыми головами.

Пораженный ужасом перевозчик пал на колени и с мольбой протянул к Якову руки.

— Пощади! Жена, дети... — пролепетал он в испуге.

— Садись на корму! Давай весло! — резко приказал Яков.

Финн послушно пересел, а Яков взял весла и сильными взмахами погнал лодку назад к селу. Солдаты лежали, заливая кровью дно лодки. Яков пристал к берегу и отрывисто сказал чухонцу:

— Выходи и беги без оглядки! Живо!

Перепуганный финн быстро исчез в тумане.

Яков взял из лодки весла, перешел в свою лодку и снова поплыл на середину реки, ведя на буксире лодку с убитыми солдатами. Его лицо было нахмурено. Это были первые убитые им враги и ему было как-то не по себе от сознания совершенного. Он спустился по течению ниже крепости, отвязал лодку с убитыми и отпустил ее. Она закачалась и медленно поплыла вниз, а Яков снова повернул к Спасскому и, борясь против течения, налег на весла. Наконец он почти ощупью вышел на берег и пошел к своему дому. У забора он увидел неясную фигуру.

— Кто? — тихо окликнул он.

— Яша! — раздался тихий возглас, и его шею обвили женские руки.

— Соня, лапушка!

— Как ты вернулся? Они отпустили?

— Отпустили, — глухо ответил Яков и, не выпуская любимой девушки из объятий, двинулся к дому. — Батюшка собрался?

— Да, только до утра не хочет ехать, да и Ирина Петровна говорит, что без тебя не поедет.

— Поедут, — ответил Яков и остановился. — Вот что. Соня. Я сейчас же уйти должен. Наши, слышь, у Орешка[6] стоят, брать его будут, так я туда... а ты... ты молись за меня и жди. Вернусь — поженимся и заживем!..

— Милый, сокол мой ясный! — всхлипывая, зашептала Софья, но Яков резко перебил ее:

— Оставь это! И раньше мне было на войну идти по сердцу, а теперь и нельзя иначе.

В его тоне Софье послышалось что-то недосказанное, страшное, и она сразу замолкла, только крепче прижалась к Якову. Они пошли к дому. У дверей Софья выскользнула, и Яков один вошел в горницу. Все ее убранство было вынесено, и она имела вид голой избы. Только вдоль стен стояли непокрытые лавки да посредине горницы тоже непокрытый скатертью стол. С лавки вскочил отец, из соседней горницы — мать и оба радостно вскрикнули:

— Вернулся? Отпустили?

— Не отпустили, да вернулся, — произнес Яков и, опустившись на колени, поклонился в ноги отцу с матерью. — Батюшка, матушка, простите и благословите: забил я этих двух шведов и назад бежал к вам, чтобы простили меня и благословили царю послужить, этих шведов бить.

Ирина Петровна в ужасе всплеснула руками и собралась уже заголосить, но Пряхов, остановив ее, обратился к сыну:

— Что забил этих поганцев, Бог простит — забил в обороне, а не татебным делом. Что же до царя — тьфу! — и до войны — нет тебе моего благословения.

— Батюшка! Мне деваться некуда. Сейчас меня ловить будут. И тебе говорю: сбирайся и поезжай. Верст тридцать уедешь, а дальше они не погонятся. Меня же благослови!

— К антихристову порождению, к табачнику?

— Брось, Василий! — строго остановила его жена, — коли ему головушку девать некуда...

---

[6] Шлиссельбург.

18

— А с нами?

— Не будет мне покоя, батюшка. Кровь моя кипит против них, насильников. Благослови!

Старик опустил седую голову; его грудь тяжело вздымалась. Наконец он вздохнул и сказал:

— Иди! Не прокляну я тебя, ослушника, но и благословения моего тебе нет.

— А благословлю я, Яша! — с жаром воскликнула Ирина Петровна и, сняв с шеи крест, подняла его, после чего торжественно сказала: — Вот тебе, светик мой ясный, мое материнское благословение. Носи его и чти нас нерушимо. Благослови тебя, Матерь Божья! — и, надевая на шею сына шнурок, она стала сама на колени и обняла сына, целуя его и обливая слезами.

Старик отвернулся, смахнул с ресниц слезу и, тряхнув головой, вышей из горницы. Тотчас по двору разнесся его сердитый голос, в темноте замелькали красные огни зажженных факелов, и началось суетливое снаряжение к отъезду.

— Подожди, матушка, с Катей прощусь, — сказал Яков, тихо отстраняя мать, и бросился в светелку.

Там плакала Софья, а Катя утешала ее, повторяя: "Обе мы горемычные!" — тоже плакала.

Яков поцеловал обеих девушек.

— Береги ее, Катя! — сказал он сестре, указывая на Софью, а Катя обняла последнюю и сказала брату:

— А ты мою просьбу исполни. Ищи ты в царских войсках воина Антона, что на коне и что в бою Мариенбург брал. Скажи ты ему, что Катерина — сестра твоя — век его помнит и ждать будет и чтобы он берег себя!

Она откачнулась от брата, приткнулась к лавке и закрыла лицо руками. Яков не удивился и только повторил:

— Антон... Мариенбург брал...

V

К ЦАРСКОМУ ВОЙСКУ

Было двенадцать часов ночи, когда заскрипели ворота дома Пряхова и из них выехали две телеги и возок. С телегами шли два работника, балагуря с девушками, сидевшими поверх сундуков, ящиков, перин и подушек; в возке ехали сам Пряхов с женою, дочерью и Софьей, украдкой вытиравшей слезы.

Все были грустны и расстроены. Большой дом в Спасском строил дед Пряхова; отец и он сам добавили пристроек; в нем родился сам Пряхов и увидели свет Катя с Яковом. И вот все пошло прахом.

Старик хмурился и шептал проклятия тому, кто, по его мнению, нарушил весь устой его мирной, деятельной жизни. Его жена прощалась с домом, где только в последние дни познала горе. Катя грустила и по дому, и по реке, а втайне — по конному воину, с которым разделила жар первого поцелуя в июньскую ночь. Соня же не могла еще оправиться от впечатления разлуки с Яковом.

И телега, и возок быстро двигались прямой дорогой в Новгород, а Яков тем временем бодро шагал по узкой лесной тропинке, держась берега Невы. На нем были высокие сапоги, полукафтан, треух и нож у пояса, да через плечо была перекинута сумка с провизией, а в руках он нес самострел и большую суховатую палку.

Темная ночь и глухая лесная тропинка не страшили юноши ни зверем, ни злым человеком. Он верил в свою силу и был увлечен своими пылкими мечтами. Молодец всегда возьмет свое, и в эти минуты, шаг за шагом приближаясь к своей заветной цели, Яков не жалел ни покинутого дома, ни отца, ни матери, ни даже полюбившей его Софьи. Вернутся и заживут они доброй, радостной жизнью, а пока... погуляет он вволюшку! Он сильными движениями расправлял свои могучие плечи. Видеть самого царя, про которого он слышал дивные рассказы, видеть полководцев славного Апраксина, Шереметева, Брюса — и наконец служить в их войсках и бить ненавистных ему шведов!.. Это ли — не счастье? И его лицо вспыхивало восторженной радостью.

Кончалась ночь. На реке заколыхался туман и повеял предрассветный ветерок. Заиграла заря, а вслед за нею наконец выплыло солнце и осветило и царственную реку, и редкий лес, и глухую тропинку, по которой шагал Яков.

Он приостановился и оглянулся. Крепости Ниен не было уже видно, она скрылась за поворотом реки.

Яков присел на седоватый мох под елью, развернул свою сумку и невольно улыбнулся. Чего только не положили туда заботливые руки матери и Софьи! Пирог с морковью, яйцами, оладьи, кусок мяса и даже небольшая сулея с настойкой. Яков приложился к сулее, сделал два больших глотка, а потом начал есть с волчьим аппетитом. Затем, почувствовав усталость, он вытянулся под елью, положил под голову сумку, надел на руки ремень от самострела и через минуту своим богатырским храпом спугнул белку, с любопытством следившую за ним с верхушки елки.

Яков спал и видел царские войска, пушки, лодки, слышал выстрелы и орал что-то неистовое, избивая палкой толпы бегущих на него шведов. Но вот один из шведов обернулся, взмахнул фузеей[7] и что есть силы хватил его по плечу. Яков застонал и... проснулся.

В тот же миг он вскочил на ноги и взмахнул своей палкой. Это был не сон. Перед ним стоял человек, который несомненно ударил его дубиной, а невдалеке стояли еще четверо. Все они были одеты в оборванные военные мундиры зеленого цвета, в серые штаны и кожаные сапоги с раструбами. Головы их покрывали треугольные шапки, из-под которых торчали растрепанные косицы. У двух из них на белых портупеях висели тяжелые тесаки, у одного в руках было неуклюжее ружье, а у двух других по дубине. Лица их были испитые, угрюмые и злые и не обещали Якову ничего доброго, но он и не взглянул на них. Его палка быстро опустилась на голову стоявшего перед ним человека, и тот, как подкошенный, упал к его ногам.

— Бей его! Наступай, ребята! Вали! — заорал тот, который был с ружьем и бросился вперед, но Яков предупредил его: он рванулся к нему навстречу и начал работать своей палкой так, что только слышались треск да стоны.

— Ой-ой! Погоди, леший, будет! — закричал наконец толстый, приземистый оборванец с тесаком, — давай мириться!

Яков тяжело перевел дыхание и опустил палку.

— Чего ты, дьявол? — заговорил примирительно толстяк. — Тебя Севастьян только разбудить хотел, а ты — на!

— Хорошо будит, нечего сказать! — ответил Яков, — а если бы по голове?

— То-то и есть, что промахнулся, — злобно отозвался тот, кого назвал толстяк Севастьяном, и, тяжело поднимаясь, сел перед Яковом. — Вот и ты убил бы меня, если бы не треух!

— Не я начал! — смущенно улыбнулся Яков.

— А и силища у тебя, у медведя! — с завистью сказал один из побитых, высокий и тощий. — На-кась, всех избил!

— Люблю! — смеясь крикнул толстяк. — Ну, будем

---

[7] Фузея — ружье.

мириться! Не бойся, мы теперь с тобой, что братья. Как звать тебя?

Яков подозрительно поглядел на него и нехотя назвал себя.

— Яшка, значит! Яшка — медная пряжка, парень-рубашка! Ха-ха! А я — Аким, всеми любим, а это все — приятели. Севастьян и в будни, и в праздник пьян, Ермошка — ума немножко, сил ни на грош и храбрости тож!

— Ну, ты языком не чеши больно! — буркнул долговязый.

— Ха-ха! Не любишь? А этот — Андрей, старый воробей; на мякине не проведешь, а ценой ломаный грош, да еще юродивый Алексей — по прозванию ротозей. Вот и все мы тут. Славные ребята, царские солдаты.

Лицо Якова оживилось.

— Царские солдаты, — сказал он уже весело, — а нападаете, что разбойники. Сперва на сонного, потом четверо на одного.

— Будешь разбойником, — проворчал Севастьян, — если больше недели почитай одну бруснику в лесу жрешь.

— Ах, вы! — воскликнул Яков, — что же не скажете? У меня тут есть снеди.

— Дай, милый человек!

— Да вот, ешьте на здоровье! — и Яков быстро присел на корточки и снова развязал свою сумку.

— Эге! — крикнул верзила, — да и сулейка есть!

— Важно! Угощай, паря!

— Милости просим! — и Яков смеясь протянул сумку.

Пятеро оборванцев, словно голодные волки, набросились на еду и питье. Не прошло и десяти минут, как сумка Якова была уже пуста и оборванцы с чувством довольства разлеглись на мху, греясь под лучами солнца.

— Ты куда же это путь держишь? — спросил Андрей, рыжий, как медянка, с рябым лицом и глупыми глазами.

— Хочу царю послужить, — добродушно ответил Яков, — слышь, под Орешком войско и царь...

— Фью! — свистнул Севастьян, — и дурак же ты!

— Ты из каких сам-то? — спросил толстяк.

— Купеческий сын из Спасского.

— Батя-свет! — всплеснул руками Ермошка. — От сытой жизни, незваный, непрошеный в солдаты идешь? Да ты очумел, что ли? Да ты знаешь, что солдат-то значит у этого... ирода? Ась?

Яков ничего не понимал.

— Да вы сами-то кто будете?

— Солдаты, потому и говорим, — с волнением заговорил Севастьян. — Палка со спины сходить не будет, спать не дадут, есть не дадут. Что не так — в морду, а то еще хуже — офицер на колы поставит. Знаешь, что это? Два кола вбиты в землю, острием вверх, а ты на них ногами голыми стой! Вот что!

— Пляши, значит, — засмеялся толстяк.

— А там сражение, бой! Убьют и не охнешь!

— Да вы сами-то кто? — повторил снова Яков.

— Солдаты, миляга, — сказал толстый Аким, — а коли правду знать хочешь, так от этой жизни в бега пустились. Как это наш Апраксин — чтобы ему пусто было — стал нас по болотам гонять за этим Конриотом и там сражение одно да другое, да снова беги, что пес, — мы и ушли. Ну их! Нас неволей брали, а не с охоты.

— Выходит, беглые? — спросил Яков с нескрываемым презрением.

— Вот это попал! Иди и ты с нами. Доберешься назад до батюшки и живи, нишкни! А то на войну, дурень! Вот нам бы только эту шкуру сменить да хоть до Новгорода дойти бы! — вздохнув сказал толстяк.

— Теперь такая жизнь, — подхватил Ермошка. — Набрели на какую-то Юхолу; пять чухон живут вместе. Ну, хлеба отобрали у них, толокна и все, Три дня ели, а там брусника. Теперь ты накормил, а что будет — и не знаем.

Якову стало их жалко, и презрение сменилось состраданием.

— Пойдемте все вместе к царю! — предложил он. — Ему, слышь, много народа нужно.

— К нему? — с ужасом воскликнул Андрей. — Да он забьет... велит палками бить и до смерти!

— Это так, — вздохнул Севастьян, — к нему уж не вернешься. Теперь одно — назад пробираться. Запутались, вишь, мы в лесах-то, вот только что на реку набрели. Теперь проберемся.

— А там шведы.

— А мы в обход. Тут я дорогу знаю! — сказал Ермошка, — проведу!

Яков встал и взял самострел и палку.

— Ну, прощения просим! Нам пути разные! — сказал он. встряхнув на плечах пустую сумку.

— Эй, не иди! — крикнул ему Аким, но Яков махнул рукой и быстро зашагал по тропинке.

Отойдя саженей на сто, он оглянулся; беглые сидели под елью и о чем-то спорили, то показывая на реку, то на лес.

Таких беглых солдат, каких встретил по дороге Яков, было в то время немалое количество. Условия военной службы были

23

в то время так тяжелы, нравы так суровы и дисциплина так строга, что даже люди того времени не все выносили эту тяжесть и бежали из строя под страхом мучительной смерти под палочными ударами. Но иначе нельзя было действовать Петру, когда он создавал победоносное войско. Своевольные стрельцы должны были смениться регулярным войском, и образовывать его великому преобразователю приходилось не в мирное время, а под гром пушек и звон оружия. Но он своей твердой волей и всесокрушающей энергией словно выковывал себе солдат, сам во всем служа примером, незнакомый ни с унынием, ни с усталостью, ни с боязнью опасности за свою жизнь.

Яков шагал, теперь уже без всяких тропинок, твердо держась все время берега реки. По дороге он не раз вздохнул о содержимом своей сумки и вспоминал свою встречу с беглыми солдатами, когда утолял голод брусникой, красневшей всюду по мшистым кочкам.

Солнце поднялось, описало дугу и стало спускаться, когда Яков, усталый и голодный, решился отдохнуть и опять улегся под развесистой сосной. Он спал крепко и долго, и, когда проснулся, его окружала темная ночь. В тишине ему почудился смутный шум, будто что-то гудело. Он вышел на простор к самому берегу реки и радостно ахнул — вдали виднелось зарево как будто от костров.

VI

ЛЮБОВЬ

Багреев, Савелов и Матусовы спали еще крепчайшим сном, когда на ранней заре в горницу вбежал Фатеев и, став посреди горницы, начал во все горло выкрикивать: "Тра-та-та-та-та-тра-та-та-та-та!", подражая барабанному бою.

Савелов проснулся и поднял голову.

— Чего ты? Или пьян? — с неудовольствием спросил он.

— Того, что не время валяться! — многозначительно ответил Фатеев и вдруг заорал: — Поход! Поход! Живо вставать и к своим частям! Тра-та-та-та-та!

Слово "поход" пробудило всех сразу и заставило вскочить на ноги. Остался лежать только Багреев.

— Как? Куда? Еще не отдохнули.

— А так, государушки вы мои, — весело ответил Фатеев, — генералом нашим и фельдмаршалом вот через этого сударя, — он указал на Багреева, — получен наказ, чтобы без замедления идти в Ладогу, сиречь воевать шведские города в Ингрии! И генерал-фельдмаршал наказал к вечеру собраться, и в ночь и с Господом Богом, фью! — и он, махнув рукой, хлопнул Матусова по животу, а затем, подойдя к столу, стал осматривать все сулеи. — Ни глаз не сомкнул, ни куска во рту не было, беда! — сказал он и начал жадно есть и запивать из всех посудин оставшимся вином.

— Вот тебе и отдохнули! — уныло сказал Семен Матусов, — вот так фортеция!

— А я рад! — оживленно заговорил Савелов, обращаясь к другу. — Мы будем там, в тех краях, где живет моя Катя, и, быть может...

— Мы найдем ее! — окончил за него Багреев и вскочил с тюфяка.

— А теперь сбирайтесь! — сказал Фатеев, поспешно дожевывая кусок и вставая, — слышите барабаны! Багреев, ты со мной, сударь, к генерал-фельдмаршалу.

— Сейчас!

Все стали поспешно одеваться и оправляться, затем выбежали на двор и, черпая воду из колодца, весело, шумно обливали себе головы. А с улицы неслась со всех сторон сухая барабанная дробь. Потом они вернулись, подтянули рейтузы, оправили камзолы и свои косицы, надели оружие и треуголки и гурьбой вышли из дома Фатеев на мгновение отстал и поднял голову Из окна мезонина выглянула хорошенькая девушка.

— Идем, Настя, опять на шведа! — сказал Фатеев, — сойди вечером в садик! — и он побежал догонять приятелей.

Лицо девушки побледнело, и она скрылась в окне.

Приятели вышли из ворот и тут же расстались: Савелов и Матусовы пошли к своим частям, а Багреев с Фатеевым — к Шереметеву.

Фельдмаршал с Глебовым и Титовым, окруженный начальниками частей, отдавал приказания, как собираться, как выступать, как запастись довольствием.

— Ты уж о подводах потрудись, — сказал он Титову, — а путь будем иной держать: пойдем на Новгород, а оттуда уже по реке. Ты, Александр, — обратился он к Фатееву, — скачи в Новгород и о лодках потрудись, чтобы тамошний воевода тебе все дал. Нет купецких, рыбачьими добери! Вот приказ!

Фатеев послушно повернулся и вышел. Он тотчас послал в ям за повозкой, а сам побежал домой и смело поднялся по скрипучей лесенке в мезонин. Отец Насти, комиссариатский приказный, уже хлопотал в приказе, и Настя была одна. Фатеев вошел в ее светелку. Она побледнела и отшатнулась к стенке.

— Не дождаться вечера, Настя, — заговорил Фатеев, подходя к ней и беря за руку, — сейчас я с наказом послан в Новгород и оттуда уже прямо под швед! Прощай, моя зорька!

Только и радости была нам неделька. Коли вернусь — женюсь! Подожди меня! — и голос его дрогнул.

Настя вскрикнула и порывисто обняла его.

У ворот послышался шум колес. Фатеев поцеловал Настю, освободился от ее объятий и бегом спустился с лестницы.

— Пошел! — сердито крикнул он ямщику, смахивая слезы.

Повозка закачалась, запрыгала и поплелась по узким улицам. Ехать скоро было невозможно. Со всех сторон шли или ехали солдаты; в воздухе гудела труба, трещали барабаны. На площади выстроился полк и по рядам бегали капралы, делая перекличку, а кругом толпились горожане и тревожно следили за всем происходящим.

Шереметев отдал все приказания и отпустил всех. В горнице остался только Багреев. Фельдмаршал ласково кивнул ему:

— А! Царский посол! Ну, что же, не грех стаканчик выпить во здравие царя? Ась? Пойдем-ка в горницу!

Он вперевалку вошел в соседнюю горницу, и за ним мерным солдатским шагом проследовал Багреев.

В довольно тесной горенке был накрыт скатертью стол; на нем стояли: графин с настойкой, стаканы, графин с вином и разная еда.

— Теперь субординацию оставляй, — ласково сказал Шереметев, — садись, за гостя будешь. Выкушай стаканчик!

Багреев налил водки и выпил. Обращение Шереметева не удивило его. Он знал, что все, кроме Меншикова, подражают царю в простоте манер и обращении.

— Из каких будешь? — спросил его Шереметев.

— Рязанский, боярский сын. Пошел к царю, царь в свой полк записал, потом в школе учился, царь в денщики взял, как в Архангельск уехал.

— Постой! А Терехов-Багреев?

— Дядя мой!

— Дружок! — воскликнул Шереметев, — да мы с твоим дядей — во! Вместе Москву еще при Софье успокаивали, он

26

Хованского бил. А после вместе к Петру откачнулись. Как же! И домами в Москве соседи! Пей еще!

Багреев не отказывался. Шереметев пил и хмелел. Он заговорил о военных трудах и своих победах.

— Хе! — произнес он, и его красивое лицо загорелось, как у юноши, — самого Карлуса дай — и его встреплем. Наши солдаты теперь не прежние. Мы шведам за Нарву, ой-ой, как нынче всыпали. Царь-батюшка писал мне свое спасибо, а я ему еще послужу. Небось, тогда нам дурня немца де Кроа дали, а он что? Как начали шведы нас бить, он наутек да шведу передался. Тьфу! А теперь у нас все свои, добьем их, окаянных! Ха-ха-ха! Апраксин да я, да Головкин, да Брюсы, немцы хоть, а совсем наши! Ну, а что Алексашка? В фаворе?

— Государь всегда с ним. Где он, там и Меншиков.

— Хитрый пес! Я ему подарочек призапас. Хочешь, покажу! Эй! — В горницу вбежал солдат. — Позови ты, знаешь?..

Солдат скрылся. Шереметев подмигнул Багрееву и указал на дверь. Багреев стал смотреть, и вдруг его лицо вспыхнуло, как заря, и глаза загорелись неподдельным восторгом. Дверь отворилась, и в горницу быстро вошла девушка. Багреев был поражен ее красотою. Высокая, стройная, с круглым лицом, на котором от улыбки образовались ямочки, с задорно искрящимся взглядом, она и в скромном черном платье с большим фартуком производила неотразимое впечатление.

— Что прикажешь? — спросила она, делая книксен, и Багреева очаровал ее голос.

— Накажи, Марта, нам два стакана глинтвейна изготовить. Да сама присмотри, красоточка!

Марта сделала книксен и скрылась.

Багреев взглянул на Шереметева и ждал. Тот подмигнул и засмеялся.

— Хороша? А? Вот я ее Алексашке в презент. Рад, шельма, будет! Хи-хи-хи.

— Кто она?

— Она-то? Говорят, Марта Скавронская, вдова шведского офицера. Была служанкой у ихнего пастора Глюка, нянькой, что ли. Как я брал Мариенбург, этот пастор пришел ко мне, семью привел и еще народа всякого. "Мы, — говорит, — мирные; пощади!" Ну, вестимо, мне что в них? "Живите!" Пастор-то, вишь, в науках силен, так я его на Москву в школу послал, а эта — что грех таить? — мне приглянулась. Бой девка и красавица! Я ее и оставил, а теперь мыслю Алексашке презентовать. Ему — как мухе меда! Хи-хи-хи!

Багреев вспыхнул и потупился.

В это время Марта вошла снова с двумя большими стаканами дымящегося глинтвейна. Шереметев ухватил ее за руку.

— Сама делала? Молодец! Теперь поцелуй нас! Ну!

Марта засмеялась грудным, задорным смехом.

— Поцеловать? — сказала она, слегка коверкая русский язык. — Можно! Вот! Вот! — и два звучных поцелуя раздались в горенке.

У Багреева закружилась голова. Он протянул руки, чтобы обнять чародейку, но ее уже не было в горенке, и только в воздухе словно звенел еще ее голос.

— Ну, допивай да иди! — услыхал он голос Шереметева, — я ведь всю ночь не спал, а нынче в ночь все тронемся!

Багреев залпом выпил горячий напиток и поднялся.

— Ну, будь здоров, сударь! — уже сухо, начальнически сказал ему генерал.

Багреев вытянулся в струнку, качнулся, но все-таки выдержал темп, повернулся и вышел вон. Голова его закружилась, сердце бешено билось, но не от вина, а от пережитого им впечатления.

Говорят, полюбить невозможно с одного взгляда. Ан, можно, да еще как! Это испытывал сейчас Багреев. Скажи ему эта красавица Марта одно ласковое слово, и за это он сделает все: пойдет в огонь и в воду, на явную смерть! Поцелуй она его... но при этой мысли у него так закружилась голова, что он прислонился к забору.

Он очнулся через несколько мгновений, но идти не мог и опустился на землю. Дорога без отдыха, пьяная ночь и выпитое у Шереметева, наконец, пережитое волнение словно обессилили его. Багреев сидел, прислонившись к забору, и жадно вдыхал воздух. Мимо него сновали люди, с шумом и криком проходили пьяные солдаты.

— Эй! Да это — ты! — послышался возглас. — Вот так фортеция!

— Это — он, Степанушка! Хи-хи-хи! — раздались голоса. Ишь нагрузился!

— Бери его, тащи! — и братья Матусовы легко подняли с земли Багреева и, подхватив под руки, потащили по улице.

— В кабак волоки!

Багреев очутился в том же кабаке, куда приехал с наказом, и Матусовы, как опытные питухи, стали отпаивать его крепким квасом. Багреев очнулся.

— Спать надо. Ночью поход! — сказал он, желая отвязаться от людей и остаться со своей мечтой.

— И ложись тут, а мы выпьем! Эй, Митька, водки!

Багреев вытянулся на лавке и заснул. Во сне все время грезилась ему Марта, а пьяный шум кабака придавал его грезам какой-то дикий характер. Марту били, а он за нее заступался.

Кабак был полон солдатами. Они развернулись напоследок, и Митька только успевал обирать у них разные вещи (денег не было) и подавать водку. Пьянство шло нелепое, дикое, пока в ночной тишине не раздался звук горна — поход!

— Прощай, Митька! Не поминай лихом! — и вмиг отрезвившиеся солдаты подтягивались и быстро выбегали из кабака.

— А я за вами, ребятушки! Мне што тут! — пискливым голосом ответил Митька-целовальник.

Скоро кабак опустел. На улицах в темноте ночи двигались и строились солдаты.

VII

ПОХОД

Шум и грохот, песни и музыка огласили ночью Псков, когда войска Шереметева живым потоком потекли из города по Новгородской дороге. В темноте ночи красными, зловещими огнями горели факелы, привязанные к пикам и ружьям у двух последних в каждой колонне. Порядком распоряжались Глебов с Титовым, в то время как сам Шереметев еще сладко спал.

Братья Матусовы шагали в рядах своих товарищей, Савелов ехал, покачиваясь в седле, а Багреев храпел на всю горницу. Шереметев вечером прислал сказать ему, что он поедет с ним на случай какой услуги или надобности.

Холодная, дождливая осенняя ночь висела над землей. Сверху сеял мелкий дождь, под ногами чавкала грязь, но солдаты шли весело и бойко, смеясь и громко переговариваясь между собой.

— Под шведа, братцы, опять идем! — слышалось в темноте.

— Слышь, царь-батюшка сам нас в бой поведет. Теперь ждет нас!

— А далеко идти надо, дяденька?

— К морю!

— Я был там, — раздался голос, — у монахов, с батюшкой-царем вместе. Я сперва у него, батюшки, в потешных был. Ну, и поехали. Буря была. Мы Богу молиться! Однако тут один из ихних коршиков[8] поспел и такой шустрый! Царь-батюшка к нему. Он как на него цыкнет — и ничего... привел это нас в тихое место и царю в ноги. А царь поцеловал его, денег дал и одежду свою всю[9].

— Помилуй Бог! Что отец!

— А смелый-то! А сила-то!

— Однажды идем, — весело заговорил в темноте голос, — а к царю-батюшке мужик и в ноги! Он и говорит: "Что, нетто я — Бог, что мне в ноги кланяешься? Встань!" А тот лежит. Царь-то хвать его за загривок и поднял, словно кошенка! Вот-те Христос!

Солдаты с восторгом говорили про царя и шли, бодро вытаскивая ноги из грязи и хлюпая по воде.

Спереди и сзади двигалась колонна в полном молчании, потому что, сидя на конях, солдаты могли спать, и они почти все дремали, кроме калмыков и татар, которые гоготали между собою. Савелов дремал, качаясь на лошади, и во сне видел Катю; она что-то говорила ему и тянула к нему свои руки.

А сзади с криком, с бранью, громкими звуками ударов бичей двигалась артиллерия и обоз. Огромные, неуклюжие пушки и мортиры на громадных деревянных колесах вязли в глубокой грязи и их с трудом выволакивали лошади и люди.

Забрезжил свет, проглянуло солнце и перестал дождь. Глебов приказал остановиться и отдохнуть, и все кругом пришло в радостное оживление. Солдаты рассыпались по широкому лугу и по перелеску. Забелели палатки, загорелись костры. В стадах произошло смятение — коров и быков убивали десятками и тут же свежевали и волокли в котлы для варки. У костров расположились солдаты с трубками в зубах.

Глебов и Титов ездили по лагерю и внимательно следили, чтобы всем было довольно горячей пищи.

"Солдату без варева быть не можно и допрежь всего брюхо его должно быть полно", — говорил Петр, и они помнили этот его завет.

Отдохнув четыре часа, войско двинулось дальше, извиваясь гигантской черной змеей по Большой Новгородской дороге.

Братья Матусовы шли рядом и тихо беседовали меж собою.

---

[8] Коршик — кормчий.

[9] Рассказ про Антипа Танова, спасшего шхуну царя во время бури (август 1694 г.).

— Чего бы ты хотел себе, Сеня? — спросил Степан.

— Царя видеть! — не задумываясь ответил Семен. — Ведь почти все его видели, а мы нет!

— Увидим! А я, — и Степан вздохнул, — до страсти полюбить хочу!

— Вот так фортеция! — крикнул Семен. — С чего это тебе надумалось? Голь, а любить!

— Все любят. Вот и Антон...

— Антон — богатей: у него имения, угодья, всякого добра и отец — боярин.

— Скучно так. Идешь и думать не про что.

— Вот так фортеция! А ты о нем думай... как ему его Катьку сыскать.

— Хи-хи-хи, — весело засмеялся Матусов, — и то! Мы же ему клялись!

— О-го-го! О-го-го! Ур-р-ра! — понесся гул сзади и стал расти, приближаясь к Матусовым.

Они оглянулись и оба дружно и громко заорали: "Ур-р-ра!" Мимо них в легкой таратайке промчался Шереметев с Багреевым рядом и с солдатом на козлах. Следом за ними громыхая катилась колымага, запряженная четверкою коней. Кожаное покрывало у дверей открылось, и Матусовы увидели красивое молодое лицо.

— Мариенбургская пленница! — сказал Семен.

— Я ее у преображенцев видел! — заметил Степан, — потом ее к себе боярин привести приказал. Понравилась! — и Степан засмеялся.

А "мариенбургская пленница", теперь в качестве служанки и наперсницы Шереметева, ехала с небывалым для нее комфортом в колымаге и весело улыбалась, замечая из-за своей занавески восхищенные взгляды солдат и офицеров.

В то же время Шереметев сказал Багрееву:

— Устрою пока что ее у воеводы, а сердце таки болит. Больно сдобная баба! С собой бы повез, кабы знал, где там оставить, а в лагере боязно — царь этого не любит.

— Да, не любит, — рассеянно ответил Багреев, думая о том, что красавице-пленнице будет, пожалуй, опасливо и в доме новгородского воеводы.

— Я бы тебе поберег ее, боярин, — робко сказал он, — да боюсь, царь осерчает.

Он замер, ожидая ответа, но Шереметев промолчал. Багреев тяжело вздохнул, поняв, что надежды его рушились.

Войско медленно, но неуклонно подвигалось вперед. Глебов хмурился, но Титов утешал его.

— Подожди, как на лодки сядем, так все наверстаем. И солдатушки отдохнут, царя порадуют.

— Скорее бы! — говорил Глебов.

И правда, солдаты стали утомляться переходом под дождем по грязи.

Через неделю наконец перед ними показались стены новгородские, и скоро раскинулись посады. Солдаты подтянулись; грянули песни и заиграла музыка. Навстречу им бежали посадские и приветствовали их радостными кликами.

Шереметев встретил войска при входе в город, и они вошли в Новгород, как недавно во Псков.

— День да ночь пусть погуляют, а там уже прямо до места, — распорядился Шереметев.

Фатеев радостно встретился с Багреевым.

— Пойдем скорее, — сказал он, — я все для нашей компании приготовил. Надо только Савелова да Матусовых отыскать.

В это время мимо них проходили драгуны. Савелов, крайний с правого фланга, прямой и стройный, сидел на коне. Через седло лежало тяжелое ружье, в руке, оперши на стремя, он наотлет держал длинную пику.

Фатеев окликнул его.

— Как отпустят, найди братьев да иди в Воротную улицу, к купцу Ферапонтову.

Савелов весело кивнул головой.

— А мы пойдем, — сказал Фатеев Багрееву и по дороге стал рассказывать: — И намучился же я! Шутка ли на двадцать тысяч да еще на обоз плотов да лодок наготовить! Всех обобрал, плохие рыбачьи лодчонки и те взял, а плоты навязал — страсть! Смотри!

Они вышли на берег Волхова, и Багреев не увидел воды — вся поверхность реки была покрыта лодками, баржами и плотами.

— Намучился! — продолжал Фатеев и улыбнулся: — Только и утехи, что хозяйская дочь, Наташа. Так-то ли меня полюбила!

Багреев покачал головой.

— У тебя где постой, там и любушка.

Фатеев покраснел.

— Я ведь не охальничаю, а так...

— А девка сохнет.

— Толстая, вся не высохнет! — засмеялся Фатеев.

Они вошли в калитку на широкий двор и, перейдя его, очутились в просторной бане. Там посредине горницы стоял стол с едой и напитками.

— Вот мы как! — засмеялся снова Фатеев.

Скоро пришли Савелов и Матусовы.

— Братцы, — закричал Савелов, — все узнал! Пряховы и впрямь — купцы новгородские и, мне сказывали, сюда беспременно из Спасского приедут. Там вишь непокойно.

— А где Спасское?

— У Невы, слышь, в Ингрии, куда мы теперь идем.

— А мы идем, — заговорил Семен Матусов, — глядь, Митька Безродный нам сустречу. Куда? — спрашиваем, — а он — пес его съешь! — "с вами, — говорит, — торговать буду". Слышь, вино везет, пиво и Матрешка с ним! Ну, а теперь есть и пить!

Друзья навалились на еду, запивая ее зеленым вином.

В хмельном угаре для новгородцев прошли день и ночь. Солдаты словно торопились пропить все, что еще можно было пропить, и кабаки не успевали закрывать свои гостеприимные двери.

На утро следующего дня началась посадка войска на плоты и лодки. Это был какой-то ад. Быки и коровы ревели, и их ударами палок загоняли на плоты, где устанавливали с головами, притянутыми за рога к ногам, лошади ржали, и их стреноживали Пушки едва устанавливали на громадные плоты, и, когда все это тихо пустили вниз по течению, на следующие сутки стали усаживаться люди. На большие баржи садились по двести, по триста человек, на малые — по пятьдесят, а на рыбачьи лодки — по четыре, по шесть.

Целый день шла посадка войска Вода кипела и бурлила. Несколько неосторожных упали в воду, шум и крик стояли над рекой.

Наконец все уселись, и последняя лодка с бравыми гребцами отошла от пристани. В ней сидел Шереметев. Толстый, пузатый воевода провожал его, епископ, все время кропивший отъезжавших святою водой, в последний раз махнул кропилом, гребцы опустили весла и лодка понеслась.

— Береги красавицу! — крикнул Шереметев воеводе.

— Знаю: будь покоен! — ответил тот.

Народ бежал по берегу и, махая шапками, провожал отъезжающих.

Войско Шереметева совершило обычный путь русских купцов времен Нестора и позднейших Путь "от варяг в греки" лежал в старые-старые годы именно тут по Волхову в Ладогу, а оттуда через Ладожское озеро — в Неву, через Неву — в Финский залив и там — по свободному морю. Так ходили киевские дружинники, так позднее ходили торговые люди и еще позднее — новгородские купцы со своими товарами.

Войско, отдыхая на лодках, быстро двигалось вниз по реке; то с одной, то с другой лодки звенела удалая песня; иногда подхватывали ее с других лодок, и оба берега звучным эхом вторили веселой удалой песне.

Погода благоприятствовала дороге. Стояло так называемое "бабье лето", и с синего неба жарко грело веселое солнце своими прощальными лучами.

Багреев, Фатеев и Савелов плыли в одной лодке, а рядом с ними плыли братья Матусовы.

— Теперь шведы, слышь, в Польше воюют, а тут и не ждут нас! — говорит Фатеев, передавая слова Шереметева.

— А мы их тут и накроем, — смеялись другие.

— Ладога, Ладога! — вдруг пронеслось однажды по реке.

Многие встали в лодках, чтобы лучше видеть, и перед ними вдали блеснула, как море, огромная водная поверхность. Это было на рассвете 22 сентября, а к полудню лодки уже стали приставать к берегу, и начались разгрузка и высадка.

VIII

ЦАРСКИЙ ПУТЬ

Телеги и пушки, стада, коновязи и палатки разбросались широким полукругом вокруг Старой Ладоги, от которой в немногих верстах находилась Новая Ладога с царем и царевым войском.

Багреев поспешно явился к Шереметеву.

— Чего тебе? — спросил фельдмаршал.

— Прошу отпустить к царю. Дело я свое сделал, надо отчитаться.

— Ну, ну, не торопись! Сейчас разом все поедем. Я за тебя слово скажу!

Багреев поклонился.

В ставку Шереметева вошли Глебов и Титов, а за ними Вейде, старый немец, командир пехотного полка. Они были в расшитых кафтанах, треуголках, с длинными шпагами на перевязях. Парики с локонами до плеч покрывали их стриженые головы.

— Едем! — сказал Шереметев, и все вышли из ставки.

У входа стояли казаки и татары, держа в поводах коней.

Багреев увидел Фатеева и, сев на коня, подъехал к нему. Фатеев был взволнован. Глаза его горели, лицо было красно. Он обернул к Багрееву свое лицо и радостно сказал:

— Сейчас царя увижу!

— Разве ты не видел его? — удивился Багреев.

— Не довелось, — и Фатеев вздохнул. — Под Нарвой я его не видел, потому что к боярину в денщики только теперь попал. Да из нас мало кто видел его. Солдаты почти все новые.

Шереметев отдал приказания начальникам частей, вскочил на коня и поскакал, окруженный своими помощниками, денщиками и конвоем из казаков и татар.

Они выехали в Новую Ладогу, перед которой станом стояли царские войска, его любимые гвардейцы и артиллерия, и войска Апраксина, по зову царя тоже пришедшего в Ладогу. У берега стаей теснились лодки и шенявы, а сама Ладога убого протянулась одной линией маленьких домиков.

Шереметев доскакал до крайнего домика, подле которого стояли под седлом кони и суетились люди, и быстро спешился. В этот момент из дома вышел высокого роста офицер с открытым, веселым лицом и радостно воскликнул:

— Борис Петрович! А я к тебе сбирался, ан ты и приехал!

— Алексашка! — ответил Шереметев и заключил офицера в объятия. — Здравствуй, друг!

— Кто это? — спросил тихо Фатеев.

— Меншиков, — ответил Багреев.

— Иди, милый, скажи обо мне государю! — сказал Алексашке фельдмаршал и добавил: — А я тебе какой презент изготовил!.. Диво!

— Да ну? — радостно улыбнувшись, воскликнул Меншиков. — Пойдем же! Я скажу о тебе! А, и ты, сокол, здесь! — произнес он, увидев Багреева, — иди и ты.

Шереметев, Меншиков и Багреев прошли в дом, а все остальные спешились и остались перед домом. Через минуту выскочил рослый преображенец и пригласил за собой Глебова, Вейде и Титова.

Фатеев остался один.

К нему вскоре вышел тот же преображенец и, подавая ему руку, сказал:

— Павел Снигирев, друг Багреева. Он послал меня развлечь вас. Курите?

— Как же! — отозвался Фатеев, вынимая из-за голенища сапога трубку и кисет.

— Присядемте! — предложил Снигирев, садясь на завалинке под окошком.

Они сели и стали вести беседу о пережитых ими походах. Фатеев не столько хотел рассказывать о сражениях в Лифляндии, сколько слушать Снигирева.

— Вы давно сюда пришли? — спросил он последнего.

— Мы? Четвертого сентября! — ответил Снигирев, — да как шли-то! Вот когда надо было нашего царя-батюшку поглядеть! Господи! Умирать буду, не забуду! — голос его дрогнул и глаза засверкали. — Ну, сами посудите! Слышали ли вы, к примеру, чтобы корабли посуху шли? А?

Фатеев с недоумением взглянул на Снигирева. Тот словно просиял.

— А у нас было это! — даже весь просиял тот, — велением царя было! И все мы видели и дивились! Как царь задумал этот поход на шведов, вперед послал денщиков к вам и Апраксину, а потом и сам тотчас двинулся. Ну, сначала дело было пустое: сели на шенявы и по Белому морю в Нюхчу. Оттуда путь простой: сядь на коня и поезжай в Ладогу, либо иди пеший. Так, конечно, всякий сделал бы. Однако не то распорядился свершить царь. Занадобилось ему, чтобы беспременно все лодки и шенявы в Ладожское озеро представить! Как быть?

Фатеев не знал, что ответить, но Снигирев и не ждал ответа.

— Путь тоже простой, царь все знает: от Повенца по Онежскому озеру, а там из Онежского по реке Свирь в Ладожское, и все! Так?

Фатеев, ничего не понимая, кивнул, чем привел Снигирева в восторг.

— Так, да не так! От Нюхчи-то до Повенца сто шестьдесят верст и никакой воды! Вот! Как же быть? Ведь посуху! Но государь и это сделать умудрился. Он послал вперед сержанта Щепотева. Тот с мужиками по лесу просеки вырубил, болота хворостом закидал, гати сделал. Царь отдал приказ выволочь из воды все корабли, шенявы да лодки; ну, мы выволокли их и потащили — где на плечах, где волоком, где на катках, но все вперед да вперед до самого Повенца! — Снигирев махал трубкой и задыхался от восторга. Толстый, с толстой шеей, он казался налитым кровью. — Вперед! А царь-то, царь! Сам, голубчик, чуть кто ослабнет, сейчас подойдет на помогу — где рубит, где лопатой махнет, где за веревку потянет. Чудо! А сила какая!.. Увяз это баркас. Тянут, тянут, а все почти ни с места. Тут государь подошел, говорит: "А ну-ка разом. Ух!" — ухватил баркас у носа да дернул и, словно занозу, вытащил!

Фатеев не знал ни Нюхчи, ни Повенца, ни рек, ни озер, которые называл ему Снигирев, но представил себе узкую дорогу по лесной просеке, болота, корчаги, пни и по этому пути тяжелые корабли, двигающиеся усилиями людей, под руководством царя, наравне с солдатом тянувшего лямку, и сердце его умилилось и переполнилось восторгом.

— Господи! Вот послужить кому! — воскликнул он и вскочил в испуге, отбросив трубку далеко от себя.

— Добро, добро! — раздался громкий сиплый голос, — поглядим на твоих героев, Борис Петрович!

В ту же минуту из дома вышел огромного роста офицер в маленькой треугольной шляпе, в зеленом казакине, высоких сапогах, с кортиком у пояса. Его толстое, мясистое лицо с коротким носом, с крошечными щетинистыми усами и проницательными черными глазами внушало почему-то невольный страх — его поминутно сводило, отчего оно принимало грозное выражение.

— Бравый солдат! Откуда? — вдруг остановился царь, увидя Фатеева.

Шереметев сделал шаг вперед.

— Мой денщик, Александр Фатеев! — сказал он, и Фатеев вытянулся и замер.

— В огне был? Шведов бил? — спросил царь.

— И был, и бил! — ответил Фатеев.

— Молодец! Запиши его, Бориска, в нашу гвардию! — сказал царь.

Фатеев едва не задохнулся от радости.

Царь сел на рыжего коня. Несмотря на рост коня, ноги царя были на пол-аршина от земли, и конь шарахнулся, когда Петр грузно опустился на седло Все легкой рысью двинулись в дорогу, Глебов же, Титов и Вейде вихрем унеслись вперед.

— Увидел! Сподобился! — радостно говорил Фатеев, а Багреев и Снигирев смеялись от радости.

— Иди к нему, в милость попади, — пошутил Снигирев, — так он заездит тебя!

— Да и дубинкой погладит! А то просто по затылку!

Вдали показалась Старая Ладога, и на солнце засверкало оружие. Государь ударил коня и вихрем помчался к выстроившимся полкам. Пехота в треуголках, в казакинах с красными и зелеными отворотами, с ружьями на караул, недвижно стояла, сверкая широкими штыками, как стальное море. Драгуны, казаки, калмыки и татары и, наконец, бомбардирские роты с тяжелыми, неуклюжими пушками вытянулись рядами, охватив полукругом широкое поле, а в стороне у слободки стояла кучка изумленных крестьян.

Фатеев подогнал коня и с замиранием сердца ждал приветственного клича.

И он раздался.

— Виват! — пронеслось и загудело по полю[10].

Царь скакал вдоль рядов, потом осадил коня и остановился. Его окружила свита Фатееву указали на Головкина, Апраксина, Брюса, Голицына и на других именитых и приближенных к царю людей. Лицо Петра сияло радостью.

— Спасибо тебе, Борис Петрович! — с чувством сказал он, — соколы, а не солдаты. Словно и в походе не были. И зададим же мы им, пока брат мой Карлус гоняется за Августом! Узнает октябрь! — и он засмеялся, отчего его доселе страшное лицо стало прекрасным. — Сегодня и завтра отдохнуть и помолиться, а там и в бой! — сказал он и, повернув коня, поехал назад.

Все поскакали за ним следом, и в числе всех Фатеев.

Солдаты раскинули палатки и стали готовить обед.

Савелов с Матусовыми устроились в одной палатке и теперь, лежа на кожухах, мирно беседовали в ожидании еды. Разговор шел только о царе и предстоявшем походе. Савелов на время даже забыл про свою Катю и произнес:

— Только одно плохо — что не знаешь, где воевать будешь. Слышь, иные говорят — на воде. Царь нас на лодки рассадит.

— Ничего! На воде, так на воде! — весело ответили Матусовы, — постоим за себя!

— Вот Фатеев приедет, все расскажет.

— А Багреев?

— Тот при царе останется.

— А хорошо быть при царе! — сказал Семен Матусов, и опять они стали передавать рассказы и легенды про чудо-богатыря, складывавшиеся про Петра Великого еще при жизни.

А в лагере кипела жизнь. Митька Безродный уже установил свою палатку, распаковал кладь, и у него явились и водка, и пиво, и горячие оладьи, которые тут же на сковороде пекла проворная девка Матрешка, приехавшая с ним.

Титов проходя сказал:

— Смотри ты с бабой.

А Митька ухмыльнулся и, низко кланяясь, ответил:

— Я ее, батюшка, в случае чего прочь уберу!

— Берегись, коли попадешься! — добродушно заметил Титов.

Солдаты наводнили его палатку, и из нее слышались песни, крики и смех.

---

[10] Петра, по его приказу, приветствовали этим криком. Совершенно неизвестно, когда у нас вошел в обычай крик "ура".

Старая Ладога на время соединилась с Новой, и войска царя и Апраксина дружились с войсками Шереметева и обменивались рассказами о битвах. Солдаты Шереметева рассказывали о своих победах в Лифляндии, а солдаты Апраксина — о том, как они гоняли по лесам и болотам Кронгиорда и наконец расколотили его под Ижорой. Солдаты полковника Тыртова похвалялись, как разбили шведскую флотилию, а царевы солдаты рассказывали про трудный переход из Нюхчи в Повенец. И во всех рассказах слышались молодецкая удаль, несокрушимая энергия, храбрость и дисциплина.

Это было новое, молодое войско, но уже в короткий срок закалившееся в боях Не было среди новых воинов усачей и седых ветеранов, но каждый уже рассказывал не про один бой, в котором он нюхал пороховой дым.

Надвигалась ночь. Забили барабаны, затрубили горны, и скоро лагерь понемногу угомонился и стих. Только часовые, расставленные в две цепи, время от времени оглашали ночную тишину монотонными криками "слу-шай!".

Шереметев и главные начальники остались у царя в Старой Ладоге, где Петр угощал всех на радостях побед и встречи

IX

ПОД ШВЕДА

В просторной горнице царя за двумя длинными, узкими столами шло пирование до утра. Петр, окруженный своими сподвижниками, богатырь и в работе, и в бою, и в кутеже, отдавал дань богу Бахусу, осушая кубок за кубком крепкие заморские вина и за войско, и за своих друзей, и за будущий успех, и за победы над шведами. Табачный дым густым облаком наполнял комнату. В застегнутом казакине, в грубых шерстяных чулках с тяжелыми башмаками, положив ногу на ногу и куря короткую трубку, царь весело смеялся, хлопая своих сотрапезников по плечу, и заставлял то одного, то другого осушать свои кубки.

Среди близких ему людей сидел наиближайший друг его, Алексашка Меншиков; рядом, с другой стороны, находились Шереметев и Апраксин, боярин и окольничий, ныне — по новому положению — генералы, а один даже фельдмаршал, за ними же расположились Глебов, Титов, Вернер, Чемберс, Романовский, Брюс, Репнин, Девергин, Гулиц, Гордон, Гошке, а еще дальше — денщики государя и главных начальников. Все были в расстегнутых камзолах, с кружками и бокалами, со свободными движениями, смехом и разговором.

— Ничто так не радует меня, как эти виктории над шведами твои, Борис Петрович, и твои, Федор Матвеевич, — говорил царь Шереметеву и Апраксину. — Совершили мы с Алексашей возлияния Бахусу, как получили твои вести в Архангельске. Научились бить шведов, как они раньше нас били.

— Раз только и было, что под Нарвой, — вспыхнув сказал Шереметев.

— Раз, да горазд! — засмеялся Меншиков.

— Ну, то было и быльем поросло, — продолжал Петр, — а теперь замышлено у меня, пока Карл в Польше Августа ловит, взять у него наше исконное добро, а прежде всего их Нотебург, наш старый Орешек. Того ради и мы все тут. Возьмем его, остальное само все наше будет! — и он, крепко хлопнув рукой по столу, пыхнул трубкой, окружив себя облаком дыма.

Пир продолжался.

Уже светало, когда Петр поднялся со скамьи и сказал:

— Алексаша, Борис Петрович, поедем поглядеть на этот Орешек самый!

Меншиков и Шереметев тотчас встали.

— А вы оставайтесь! — промолвил царь остальным и, обернувшись к денщикам, прибавил: — Четверо, которые грести могут, выходите!

Фатеев чуть не выскочил из-за стола, Багреев рванулся тоже.

Царь кивнул им, взял треуголку и вышел, на ходу засовывая трубку в карман и говоря:

— У меня тут знатная лодчонка есть; на ней и поедем. Ну, молодцы, вот ту, с желтым бортом, отвяжите да справьте.

Денщики бросились к пологому берегу, где качались привязанные к кольям лодки, и вошли в большую, широкую четырехвесельную шлюпку. На корме ее тихо колыхался желтый флаг с нарисованным двуглавым орлом.

— Ну, вымпел-то прочь убрать! — сказал царь, вступая в лодку и садясь за руль. — Алексаша, ты — слева, а ты, Борис Петрович, — справа. Отчаливай! Р-раз!

Гребцы опустили весла, и лодка двинулась. Фатеев до конца своей жизни помнил эту поездку, казавшуюся ему сказочным сном. В двух шагах от него сидел тот, которому он почти молился, сидел добрый, веселый и в то же самое время серьезный. Словно и не было бражной ночи. За ними расстилалась синяя гладь Ладожского озера, широкого, как море, неподвижная, глубокая, и по ней золотыми искрами играли лучи восходящего солнца.

— Вот и Орешек сей, по-ихнему — Нотебург! — вдруг сказал царь, указывая рукой вперед.

Фатеев невольно оглянулся. Озеро делалось уже, обращалось как бы в воронку, и по самой середине этой воронки вытянулся в форме ореха островок, на котором высилась крепость с зубчатыми стенами, уставленными пушками.

Царь правил рулем, и лодка ходко приближалась к крепости, от которой Петр не отводил теперь своего пылающего взора.

— Наших отцов и дедов достояние, — сказал он, видимо волнуясь, — все кругом русской кровью полито, и теперь или никогда будет оно наше. Ишь, словно замок на реке. А откроем мы этот замочек — и вся река наша, а за нею море, свободное море! Так, Алексаша?

Глаза царя сверкали, грудь тяжело дышала. Его волнением заразились все.

— Будет наша! — твердо сказал Меншиков.

— Да и как же иначе, — подтвердил Шереметев, — хотя фортеция зело хитро устроена и сама собою оберегается.

— А пушки! — воскликнул царь и встал во весь рост в лодке. — Гляди, Борис Петрович, здесь да здесь батарейки поставим, сюда апроши подведем, редут выдвинем, снизу путь загородим и станем их каленым ядром угощать, — и он, проходя в лодке почти под крепостью, указывал рукой, где, кто и что будет расположено и как повести осаду. — А тебя, Борис Петрович, на сию оказию назначаю нашим фельдмаршалом. Ты будешь над всем голова!

— Земно кланяюсь за такую честь и доверие ко мне, — взволнованно сказал Шереметев.

— А тебя, Алексаша, — весело продолжал Петр, — жалую первым комендантом сей фортеции, как она нашей станет.

— Раб твой, — просто ответил Меншиков.

В это мгновение с крепостной стены показался клуб дыма, грохнул выстрел, и недалеко от лодки, подняв столб воды, шлепнулось ядро.

— Государь, — испуганно сказал Меншиков, — побереги

себя для своих детей, кои по всей Руси! Поверни лодку, пройди к берегу!

— Небось, — усмехнулся царь, поворачивая лодку, — мое время еще не пришло.

Лодка поплыла назад. Солнце уже взошло и озарило все окрестности.

— Только как нам свои лодки за крепость вниз спустить? Пожалуй, шведы-то все их потопить могут, — задумчиво сказал Шереметев.

— Как? — воскликнул Петр, — а волоком. Гляди, как земля сюда носом выходит! — и он указал на широкий мыс, выступавший как раз против крепости. — Ежели мы через него перетащим лодки, они внизу, под крепостью, будут. Пустое дело!

Шереметев рассмеялся.

— Истинно, о том не подумал. Как древле Олег к Цареграду!

— Вот то-то! Так готовься, Борис Петрович. Завтра отслужим молебен, да и в дорогу!

— Твоя воля — закон. Мои солдаты — хоть сейчас!

— И ладно! Чаль сюда, ребята! Так! — и царь, ловко выпрыгнув из лодки, не оглядываясь пошел к дому.

Шереметев взял коня и вместе с Фатеевым поехал к своему лагерю.

Двадцать шестого сентября Шереметев двинул передовым отрядом четыреста человек преображенцев. В ночь на двадцать седьмое они заняли левый берег, начали строить редут и тут же отогнали от берега два шведских судна. С крепости началась стрельба, но безвредная. Двадцать седьмого пришли уже войска с обозом и пушками и протянулись по левому берегу. На самом мысу расположились батареи, и между ними одна мортирная, которой управлял сам царь. На другую ночь двинули суда сухим путем по сделанной просеке, и в двадцать четыре часа переволокли пятьдесят лодок, которые к утру вытянулись в бухте.

Первого октября царь с тысячью гвардейцев переплыл на другой берег, взял у шведов почти без боя редут и установил там батарею, а потом переправил полки Гумица, Брюса и Гордона. Нотебург был обложен, и Шереметев послал в крепость Фатеева с предложением сдаться.

Посланец в лодке, с трубачом впереди и белым благом в руках, подъехал к крепости, но его в крепость не впустили и, взяв письмо, велели ждать у ворот. Скоро вернулся офицер с толмачом и от имени коменданта крепости, Шлиппенбаха, объявил, что благодарит за объявление осады, но сдать крепость не может ранее четырех дней, в течение которых известит своего командира, капитана Горна.

Фатеев вернулся и передал ответ Шереметеву. Тот усмехнулся и поскакал к царю.

— Шутит он, что ли? — воскликнул царь. — Ответь ему, Борис Петрович, ядром да бомбою. Вот как я! — и он, быстро подбежав к своей батарейке, навел на крепость мортиру, зарядил ее и приставил фитиль.

Грянул выстрел, и с воем понесся первый снаряд в неприятельскую крепость.

Шереметев подал сигнал, и залпы всех наших батарей сотрясали воздух. С крепости раздались ответные выстрелы, и скоро все пространство Невы, занятое крепостью и войсками, заволокло дымом.

Выстрелы гремели не умолкая.

Нотебург действительно для планов царя являлся насущной необходимостью. Со взятием его открывалась Нева, а с нею и дорога в открытое море. Кроме того, эта крепость была исконно русскою. Новгородцы, эти наши древние аргонавты, видя важность того места, где раскинулся остров Орешек, и понимая, что здесь лежит ключ ко входу Невы и в море, еще в 1324 году заложили острог, названный ими по острову Орешек. Шведы, ревнуя русских и сталкиваясь с ними на море, особенно у берегов Невы, в 1347 году завладели этой крепостью, но новгородцы выбили их; шведы снова завладели ею в 1411 году, но русские опять выгнали их; то же повторилось еще несколько раз, пока наконец царь Алексей Михайлович, по Столбовскому договору, не отдал Орешка шведам, которые тотчас переименовали его в Нотебург Но владеть им пришлось этой крепостью недолго. Снова пришли русские, под начальством самого царя-исполина, и владычеству шведов наступил конец.

Днем и ночью гремела страшная канонада. Царь в куртке, с короткой трубкой во рту, неустанно хлопотал подле своих мортир и посылал снаряд за снарядом "Жесток Орешек, да, Бог даст, раскусим", — смеясь говорил он. Бомбы и ядра с гулом и визгом носились в воздухе, глухо падали на землю, с шипеньем шлепались в воду. Ночью темное небо, словно огненными змеями, бороздило во всех направлениях калеными ядрами, посылаемыми со стороны русских в крепость. Работали артиллеристы. Пехота и кавалерия бездействовали.

Братья Матусовы то и дело приходили к своему командиру и просили его:

— Пошли нас в бой!

— А куда? Подождите, глупые, вот штурм будет!

И все с нетерпением ждали штурма.

Савелов бродил по берегу реки, не замечая грома выстрелов, и думал о своей Кате Где она теперь? Он не знал, где село Спасское; может быть, оно тут где-нибудь, подле, и иногда ему хотелось сесть на коня и скакать по берегу, ища Спасское и в нем свою Катю. Каждый день он ходил в палатку Багреева и жаловался на тоску и скуку.

— Подожди, штурм будет! — утешал его Багреев.

X

ДОБРОВОЛЕЦ

На другом берегу Невы полки Брюса, Гулица и Гордона окопались и стали лагерем. Подальше от них царь поставил батарею в шестнадцать пушек, и она работала без остановок, а полки томились без дела.

Братья Матусовы, разлученные со своими друзьями, без просыпа пили и разнообразили скучное время тем, что иногда переправлялись на другой берег, отыскивали Савелова, Фатеева и в компании с ними проводили часы в палатке Митьки Безродного. И сегодня утром они взяли казенную лодчонку и поплыли через Неву к своим приятелям. Октябрьский день был светлый, ясный.

— И хорошо тут, Семушка! — воскликнул Степан, сильно налегая на весла.

— Сказывают, всегда сыро и болезнь всякая.

— Глупости! Сколько живем — и ничего. Гляди, гляди, как царь-батюшка зажаривает! А! — вдруг закричал Степан.

В это время действительно началась усиленная канонада с мортирной батареи, капитаном которой считался сам Петр.

— Жарко! — отозвался Семен. — А только бы на приступ куда лучше было.

— Это-то вестимо. Стой! Эх, куда нас отнесло.

Они вышли на берег, привязали лодку и только что собрались идти к лагерю, как увидели высокого, здоровенного парня с толстой дубиной в руке, в высоких желтых сапогах и треухе.

— Ты кто такой? — спросили они его, — откуда попал?

44

Парень снял треух и низко поклонился им.

— Не оставьте на милость Божью! — сказал он: — Бежал от шведа из Спасского, хочу царю послужить, а куда идти и не знаю. Укажите на милость!

— В солдаты охотою? — с удивлением спросил Степан.

— Вот так фортеция! — воскликнул Семен.

— Идем, идем, — сказали оба, — коли хочешь пороха нюхать, мы тебе место укажем.

Лицо парня даже посветлело.

— Уж такая-то охота! — весело ответил парень.

— Ну, идем! — и Матусовы пошли вперед, прямо держа путь к палатке кабатчика, а сзади них весело шагал Яков, улыбаясь во всю ширину рта.

Кругом кипела лагерная жизнь. Он видел везде солдатские мундиры, тесаки, ружья; где-то звучал горн, трещали барабаны. У одной палатки двое солдат держали третьего за ноги и голову, а четвертый наносил ему палкой нещадные удары, которые отсчитывал стоявший тут же сержант. Яков вздохнул. Матусовы засмеялись.

— И тебе так будет. Не все война. Артикула не знаешь — и драть!

— Семушка, Степушка! — закричал хриплым голосом высокий, тонкий, как жердь, сержант, — идите скорее! Здесь и Багреев, и Фатеев.

— Идем! — отозвались Матусовы, — мы с собою охотника ведем.

— Какого охотника?

— Воевать хочет!

Они дошли до палатки, и тут их тотчас же окружили гвардейцы, солдаты и сержанты.

— Откуда? Кто такой? Как звать? Зачем? — посыпались вопросы.

Яков только улыбался.

— От шведов бежал, из Спасского. Послужить хочу! — повторял он одно и то же, — а звать Яковом.

Бум, бум, бум! — раздалась вдруг учащенная стрельба, и в лагере поднялась страшная суматоха. К палатке подбежал солдат.

— Братцы! — закричал он, — на том берегу наших бьют.

Матусовы рванулись и бегом пустились к берегу.

На той стороне Невы действительно палили пушки и двигались черные силуэты, сверкая огнем залпов.

— Охотники, в лодки! На помощь! — послышался вдруг

зычный голос, и Матусовы увидели красивого, стройного офицера в высоком шлеме.

— Кенигсек! — закричал Фатеев.

— На лодки! За мной! — кричал полковник, махая шпагой, и прыгнул в лодку.

Якова охватило воодушевление. Быстрее кошки он прыгнул в лодку полковника, схватил весла и налег на них со всей силой. Лодка двинулась, а за ней быстро поплыли другие, битком набитые солдатами.

С середины реки уже ясно было видно нападение, которое, как оказалось, вел шведский отряд майора Лиона. Четыре пушки осыпали картечью полки Брюса, Гулица и Гордона, а шведский отряд, разделившись на четыре колонны, уже лез с криками торжества на лагерные окопы.

Яков сильнее налег на весла.

Полковник Кенигсек, посланный Шереметевым, одобрительно кивал ему и говорил:

— Молодец! Наляг сильнее!

Лодка ударилась о берег. Следом за ней стали приставать и другие. Солдаты прыгали прямо в воду и вброд добирались до берега. Кенигсек быстро выстроил их и бегом бросился на выручку русских.

Яков на мгновение остановился. Волнение душило его, но у него не было никакого оружия, и он растерянно смотрел по сторонам.

Кенигсек бежал с солдатами, крича "виват", как вдруг между ними произошло замешательство: в их ряды врезалась неприятельская картечь.

Яков оглянулся. Невдалеке, на пригорке, стояли четыре пушки и извергали смерть на головы русских. Парень словно озверел. Он схватил тяжелое весло, обежал стороной, взобрался на холм и вдруг с исступленным криком бросился на двадцать человек, старательно стрелявших из пушек, а затем начал веслом молотить их по головам. Весло свистело, ревело в его руках и с силой молота дробило черепа.

Шведами овладел панический ужас. Один солдат бросил банник и побежал, остальные устремились за ним. Яков ухватил банник и нанес последний удар офицеру. Пушки замолкли, и вместо их грохота снова раздался крик "виват".

Кенигсек оглянулся и, к своему изумлению, вместо шведских солдат подле пушек увидел своего перевозчика.

— Это — какой-то дьявол! — пробормотал он. — Возьми десять человек, беги к пушкам и стреляй по шведам, — сказал он Степану Матусову и с криком устремился на шведов.

Шведы очутились между двух огней.

Полки Гулица и Брюса ожили. Гордон скомандовал, и все, разом выбежав из окопов, бросились на шведов. Шведы дрогнули и побежали. В тот же миг раздался залп четырех пушек по отступавшим. Гулиц, Брюс и Гордон поочередно обнимали Кенигсека.

— Не приди вы, и нам было бы плохо, — говорили они.

— Я сделал, что мог. Победу одержал вот кто! — и полковник показал на батарею, где виднелась фигура Якова.

— Позовите его!

Военачальники сидели в палатке и пили пиво, а Яков стоял перед ними и простодушно рассказывал про свой подвиг.

— Один на двадцать! А! — воскликнул Брюс. — Вот это — молодец!

— Надо царю сказать!

— Я тебя в полк к себе беру, — сказал Якову Гордон.

Парень кланялся на все стороны и радостно улыбался.

— Вот это сила, — говорил Степан Матусов. — Ха-ха-ха! Веслом!

— Вот так фортеция! — повторял Семен. — Можно сказать, охотник!

XI

БОМБАРДИРСКИЙ КАПИТАН

В скверной, низкой палатке, на охапке соломы, лежал Савелов, подперев голову руками, и мрачно глядел на землю, когда его окликнул звонким голосом Багреев.

— Антон, ты здесь?

— А? — лениво отозвался Савелов.

— Да помилуй! — закричал Багреев. — И не стыдно тебе? Там, на том берегу, на наши редуты шведы напали, охотники поехали — слышь, пальба какая! — а ты здесь! Что с тобою? — с этими словами Багреев нагнулся и почти на корточках влез в палатку Савелова.

Тот обернул к нему бледное лицо с лихорадочно блестевшими глазами и глухо сказал:

— Не могу я, Николаша! Кабы я хоть знал, где она и что с нею, и любит ли она меня, а то — ничего! И тоска мне, тоска! —

и он сжал голову руками. — Хоть бы бой скорее! Пошел бы на смерть и конец! А то сиди, сиди, и одни думы!

— Что ты это, — ласково заговорил Багреев, — словно и не в себе! Ей-Богу! Ну, подожди немного. Кончим эту кампанию и сейчас твою Катю сыщем. Не иголка, чай! Знаем и имя ее, и кто она, и чья дочь, и откуда... и сами в сих местах. Чего же нам? Тсс... — Он вдруг приостановился и стал прислушиваться. — Слышь, что это? Виктория! — воскликнул он и, на четвереньках двинувшись к выходу, выглянул из палатки. — Так и есть! — закричал он Савелову. — Наши назад едут, кричат "виват"! Идем! — и он вылезши побежал.

Савелов провел рукой по лицу, взял тесак, шапку и также вылез из палатки.

"Николай отчасти прав, — думал он, — найти Катю всегда можно! А вдруг она замужем?" — и он даже побледнел и пошатнулся.

Мимо него толпой бежали солдаты с криками: "Виват!" Савелов побежал за ними на берег реки.

По Неве плыла широкая лодка, в которой находился Кенигсек с Гордоном, Брюсом и Гулицом; тотчас за ними тяжело двигалась огромная лодка с тремя пушками и цепью плыли лодки с солдатами. Они кричали: "Виват!", — а с берега им отвечали тем же криком. Солнце, склоняясь на запад, окрашивало и людей, и реку золотом и пурпуром.

Савелов увлекся и тоже стал громко кричать, махая шарфом.

Огромный красивый парень выскочил из лодки, ухватил ее за веревку и ловко притянул к берегу. Из нее вышли Кенигсек, Брюс, Гулиц, Гордон и быстро направились к мысу, где стояла мортирная батарея венчанного бомбардира. Солдаты толпой двинулись за начальниками и чуть не сшибли Савелова.

— Вот так фортеция! — раздался подле него голос Семена Матусова, — один с веслом батарею взял! А?

— Ты про кого? — спросил Савелов.

— Тут охотник объявился. Пойдем, мы тебе расскажем, — и Матусовы, подхватив Савелова под руки, потащили его к кабачку Митьки Безродного.

— Наши с викторией идут, Алексаша, — сказал бомбардирский капитан и, махнув рукой, крикнул солдатам: — Отдохнем малость! Пусть господа шведы пока что почешутся, а мы свои мортирки побережем!

Он отошел в сторону, вынул трубку и, присев на банкете, стал набивать ее, зорким взглядом смотря вперед, где в облаках пыли двигался к нему Кенигсек.

Великий Петр в желтых высоких ботинках, в зеленом потертом кафтане, с широкой кожаной портупеей через плечо, в маленькой шляпе, действительно мало чем отличался от всех прочих военных чинов одного с ним ранга.

Стоявший с ним Меншиков более его походил на знатного вельможу.

— С викторией тебя, — шутливо сказал он государю, — по сему случаю не великий грех сотворить нынче возлияние Бахусу!

Петр усмехнулся и, выпуская из ноздрей струи табачного дыма, ответил:

— Нет уж, Алексаша, не мани! Сие возлияние совершим в проклятом Нотебурге, когда заштурмуем его! Однако пойдем!

Он встал и широко шагнул навстречу шествию.

— Виват! — кричали кругом.

— С викторией! — сказал Кенигсек, подходя к царю и снимая шляпу. — Шведа прогнали с великим для него позором и взяли три пушки, а четвертую, как негодную, утопили в реке.

Лицо Петра осветилось.

— Хоть и малая сия виктория, а радуюсь! — обнимая Кенигсека, сказал Петр с просветлевшим лицом. — Ну, говори, как было сие? Много их было? И пушки?

Кенигсек подробно рассказал дело.

— Где же этот молодец? — спросил Петр расхохотавшись.

— Я записал его в свой полк! — ответил Гордон и выдвинул Якова.

Тот перепугался и упал на колени.

— Встань, я — не Бог, а только царь! — резко сказал Петр и тотчас ласково спросил: — Ты сам откуда? Звать как?

Яков поднялся и бойко ответил на вопросы государя.

— Э-э! Так ты тутошний! И места знаешь?

— Всю Неву!

— Ну, так я его от тебя отберу, — сказал царь Гордону, — он мне понадобится. Запиши его, Алексаша, к себе, что ли... Ты чего?

— С флагом из крепости идут, — вдруг сказал Меншиков.

— А-а! Ну, что они скажут?

Царь быстро вернулся на берег. По Неве плыла лодка, на носу которой развевался белый флаг. Лодка пристала. Из нее с флагом в руке выскочил маленького роста швед с барабаном у пояса и быстро заговорил:

— Где самый большой начальник? К нему письмо!

— Ну, ну! — по-шведски ответил Петр, — давай мне свою

цидулу. Из-за нее не след нашего фельдмаршала тревожить. Что в ней?

Посланный из крепости подал письмо.

— Поберегите его, — сказал Петр солдатам, — а мы пройдем к дому, там почитаем, — и он двинулся к своему домику, стоявшему в трехстах саженях от батареи.

Меншиков обогнал его и спешно приготовил вино и стаканы.

— Не может быть без этого, — улыбаясь сказал Петр. — Ну, давай читать! — Он вскрыл конверт, вынул бумагу, прочел и засмеялся. — Ах, он, пострел! — воскликнул он. — Гляди, что бабы офицерские пишут. Понеже им от пожаров, страды и голода жить в крайности нудно, просятся, чтобы я их всех из фортеции выпустил. А? Ну, пиши, Алексаша, пиши: "К фельдмаршалу сие не едет, быв уверен, что он не согласится опечалить шведских дам разлукой с мужьями; если же изволят оставить крепость, взяли бы с собою и любезных супругов". Вот им, угости посланца, да и назад его! А теперь, господа, с викторией! — и он взял свою чару.

В то же время и в домике Митьки Безродного шла шумная попойка. Длинный стол и лавку заняли Матусовы и Савелов, к которым вскоре присоединился и Багреев с Фатеевым, а там подошли еще сержанты, и оловянные кружки то и дело наполнялись пенником.

Все говорили наперебой. Матусовы рассказывали о последнем деле и снова о Якове.

— Царь его к Меншикову записал. Слышь, понадобится.

— Известно, он тутошние места во как знает!

— И силен!

Бум! — послышалось в вечернем воздухе, и следом за первым выстрелом раздалась оглушительная канонада.

— Это шведы! — сказал Багреев.

— А пусть!

Барабанщик вернулся с ответом бомбардира, и раздраженные шведы мстили за него безвредными выстрелами.

В непроглядной темноте осенней ночи стены Нотебурга вдруг опоясывались огненной лентой, затем раздавался грохот выстрелов и в темноте свистели невидимые ядра и гулко шлепались в воду.

XII

КАНУН 11 ОКТЯБРЯ

Появление барабанщика было третьего октября, и с этого дня, вернее — ночи, осажденные шведы начали усиленную пальбу. Вероятно, они уже очень обозлились на царский ответ, и офицерские жены заставили мужей отплатить за обиду. А может быть, они просто хотели расстрелять свои снаряды, — и ядра сыпались и на окопы, и на батареи русских, и просто в Неву.

Бомбардирский капитан тоже не дремал в свою очередь. Великий стратег, он успел поставить батарейку на островке, что был впереди его, и наказал установить батарею из четырех пушек на другом берегу.

— Крепость — орешек, ну, да мы раскусим его, — шутил он и, ни на минуту не оставляя своей мортирной батарейки, посылал в крепость снаряд за снарядом.

От гула тряслась земля и, словно в котле, кипела Нева от попадавших в воду снарядов. Пороховой дым туманом окутал оба берега, скрыл солнце и казался словно повисшей кровавой пеленой, сквозь которую вдруг прорывались огненные струи.

В то время артиллерийский бой был совсем иной, чем ныне. Теперь орудие, почти чудовище, несет разрушение на семь, на восемь, на девять верст; теперь снаряд, разрываясь на куски, пробивает стальные брони, разрушает дома и несет смерть десяткам людей, тогда же пушка едва била на полверсты и несла круглое чугунное или каменное ядро, едва выбивая из толстейшей каменной стены кусок кирпича. И надо было долго-долго долбить в одно место, чтобы пробить в стене брешь.

В настоящее время отворяют у пушки затвор, туда вкладывают, как монету — в портмоне, готовый снаряд, а затем дергают шнурок, и гремит выстрел, неся смерть и ужас. А тогда в жерло пушки засыпали порох, заколачивали его пыжом, закатывали в пушку ядро, насыпали на затравку порох и к этой затравке прикладывали тлеющий фитиль, а потом, после выстрела, ждали, пока остынет пушка, — и пушка, бросающая ядро в двадцать фунтов, считалась огромной.

Потом, много десятков лет спустя, придумали начиненную бомбу, а в то время самым хитрым измышлением было раскаленное докрасна ядро. Его бросали в пушку особыми

51

крючьями, оно само производило выстрел и, падая на деревянные строения, зажигало их.

Но картина боя была в то время несомненно эффектней, чему способствовали облака дыма, снопы огня, гром выстрелов и свист ядер; торопливое заряжение пушек, вкатывание ядра, прицел, наведение пушки и затем возглас "пали!".

Пока шла эта беспрерывная бомбардировка, пехота и конница томились в бездействии. Матусовы, Савелов, Фатеев и Багреев почти все время проводили вместе в кабачке, а Фатеев от скуки даже стал приударять за расторопной Матрешкой и не пропускал ее без щипка. И пили они так, как заправские питухи того времени, во главе которых стоял сам коронованный бомбардирный капитан. К беспрерывному грому канонады все привыкли, и всякий сознавал, что русские снаряды наносят больше вреда неприятелю, чем его — русским, так как там стояла крепость с домами, а в русском лагере чуть белели палатки да торчали редкие чухонские избы.

Время от времени русские видели, как в крепости вдруг поднимался густой тучей дым и сверкал огонь, после чего на время шведская канонада прекращалась.

— Ура! — кричали тогда русские и усиливали стрельбу, а шведы торопились загасить вспыхнувший пожар.

Но время тянулось сравнительно без толка.

— Не резон, государь, — говорили Шереметев и Меншиков, — прикажи штурм делать. Гляди, порох тратим, а ведь он — тоже казна, пушки кормим, а войска изнывают в безделье.

Петр упрямо отвечал:

— Порох — казна, а люди что? На такую фортецию штурмом идти нельзя, не сбив стен и пушек. Коли так, так лучше зимы ждать, и тогда по льду. А до того времени люди от болезни перемрут, а шведам помощь придет.

— Ну, ну! Попалим еще!..

На другом берегу стреляли тоже, но опытные Брюс, Гордон и Гулиц видели, что солдаты томятся без дела, и задумали дерзкую штуку. Однажды Гулиц позвал Матусовых и сказал им:

— Я хочу отличить вас от прочих. Полно зенки наливать. Соберите-ка команду охотников, да со мною и Гордоном пойдем хоть шведские шхуны отберем.

— Рады стараться! — гаркнули обрадованные Матусовы.

— Я вас тогда в сержанты!

Матусовы почти выбежали из ставки Гулица.

— Вот так фортеция! — воскликнул Семен.

— Здорово! Ха-ха-ха! — подхватил Степан, — и с чего это он взял? В сержанты!

— Видит, что озверели. Нам с тобой, Степушка, счастье.

— Счастье и есть.

Братья тотчас пришли в свой полк и стали звать охотников на смелое дело.

Охотниками вышел весь полк, когда же весть о нападении пронеслась по лагерю, все захотели быть в деле.

— Этого нельзя! — возразили Гордон и Гулиц, — надо только две сотни. Киньте жребий!

Солдаты с ропотом кидали жребий, и не вынувшие щербатой копейки ругались и чуть не плакали.

А между тем дело, задуманное Гордоном, было очень дерзко и придумано лишь для того, чтобы развлечь солдат.

Под самыми стенами крепости стояли шведские шхуны — огромные оснащенные барки. Гордон с Гулицом задумали отобрать их и поднести в дар царю.

Наступила ненастная осенняя ночь, канонада на время стихла. Охотники, с Гордоном и Гулицом во главе, сели на баркасы, по сорока человек на баркас, и тихо двинулись к острову под стены крепости. Матусовы плыли в первом баркасе. Волны шумно плескались в борта. Дождь лил потоком, и ветер бросал лодки в стороны. Баркасы тихо двигались по воде.

— Стой! — вдруг произнес Степан, почувствовав, как ударилась их лодка о шведское судно. — Причаливай, братцы, и, кто в Бога верует, за мной! — и он, ухватившись руками о высокий борт шхуны, вспрыгнул на палубу.

Перед ним выросла какая-то фигура и что-то проговорила, махая рукой.

— Не пугайся! — сказал Степан и махнул тесаком, отчего фигура глухо крякнула и опрокинулась.

За Степаном влезли уже другие, ощупью пошарили по шхуне и, найдя якорную цепь, стали тянуть ее, но она оказалась без якоря.

В этот миг вдруг ярким заревом запылала одна из шхун, и уже без всякой осторожности раздались голоса:

— Шхуны на цепях! Не увезти! Топи их! Жги!

Словно ярость охватила Матусовых. Они схватили топоры и, бросившись вниз, стали рубить бока судна.

В то же время раздались пушечные залпы — и весь берег, весь остров словно ожили.

— Бей, жги! — раздавались крики, и пушки грохотали, разрушая свои же суда.

— На лодки! На лодки!

Матусовы выскочили. Словно иллюминация, яркой

полосой пылали громадные шведские шхуны. Русские уже все попрыгали в свои лодки и с веселым хохотом отплывали назад, а вокруг них, шипя и пеня воду, сыпались шведские ядра.

— Здорово! Ха-ха-ха!

— Вот так фортеция! — хохотали Матусовы.

Едва все сошли на берег, Гулиц сказал им:

— Поздравляю вас сержантами!

— Рады стараться! — гаркнули Матусовы, действительно обрадованные такой милостью.

Царь похвалил Гулица и Гордона, но продолжал канонаду все последующие дни.

Матусовы сидели в кабачке и в сотый раз рассказывали про свою ночную атаку.

— Их, кургузых, на каждой шхуне по какому-нибудь десятку было. Мы их и того.

— Эх! — вдруг крикнул Савелов, — прямо бы вплавь бросился и голыми руками драться пошел.

— Действительно! — подхватили захмелевшие друзья, — нешто это — война! Сиди и пей!

— Я убегу! — мрачно сказал Фатеев, а сидевший в углу кабачка Яков только тяжело вздохнул.

Он жаждал подвигов, ратного дела, а тут — на! сиди "как лягушка на болоте".

В первое время его занимала бомбардировка, но потом это зрелище, повторявшееся изо дня в день, стало казаться уже однообразным.

"Один пойду, — думал он, — подкрадусь к шведам и разорву им стену. Надо попроситься".

Но в тот же день Петр в своей избушке держал генеральный совет. В своем казакине и с неизменной трубкой в зубах он сидел верхом на скамейке, а на другой скамейке, против него, сидели Меншиков, Шереметев, Голицын, Гордон, Гулиц, Апраксин и остальные начальники. Царь произнес:

— Придется штурм делать. Пушки так распалились, что сами стреляют. Придется их все переливать, а палить уже боязно. Зимы не дождаться, и я мыслю, что швед изрядно истомился и истощен в довольствии. Опять же у них там бабы, и то нам на руку. Только как штурм вести?

— Как? — первым ответил Меншиков. — Взять солдат и идти!

— Охотников! — подтвердил Голицын.

— Фортеция-то крепка больно.

— А наш солдат еще крепче!

— Нечего и говорить много, — решительно заявил

Шереметев. — Вы, генерал, — обратился он к Голицыну, — крикните охотников и завтра на заре в путь!

— Слушаю! — ответил Голицын.

Петр усмехнулся.

— Ну, штурм так штурм! Господин фельдмаршал уже отдал приказ, а нам, капитанам, ему не прекословить! С Богом! — серьезным уже тоном сказал он Голицыну.

Тот поклонился и вышел.

Петр помолчал несколько мгновений и потом тихо сказал:

— Много крови прольется!

— А потом уже и отпразднуем сию викторию! — веселым тоном закончил Меншиков и заставил царя улыбнуться.

— Братцы! — вваливаясь в кабак, закричал какой-то солдат. — Охотников зовут фортецию брать! Кто охоч?

— Я! я! я! — загремело вокруг, и все, повскакав со своих мест, бросились вон.

Яков оказался впереди всех. Он побежал, куда бежали все гурьбой.

Уже начало смеркаться.

Пылал костер, гремел сухой дробью барабан и голоса выкрикивали:

— Кто охоч идти на штурм, отделяйся!

Яков так рванулся вперед, что вокруг него сразу поредела толпа, и очутился перед Голицыным. Тот стоял с двумя офицерами и, увидев Якова, спросил:

— Хочешь?

— Хочу!

— Дело трудное.

Яков только тряхнул головой.

— Становись туда! — указал ему Голицын позади себя, где уже толпилось изрядно народа.

Яков отошел, а Голицын уже опрашивал следующего.

Охотников набралась масса, и опять из них надо было делать выбор, а потом распределять всех по местам.

Матусовым досталось в команду шестнадцать человек с Яковом, у Савелова под командой было двадцать четыре человека, у Багреева — сорок, у Фатеева — тридцать; прапорщик Краков командовал сорока двумя преображенцами; сержант Мартынов командовал сорока семеновцами, а там еще прапорщики и сержанты, каждый кто с тридцатью, кто с сорока людьми.

Выбор кончился. Голицын выстроил всех крошечными отрядами и, обратившись к охотникам, начал говорить:

— Стрельба теперь кончена, надо крепость брать. Стены

толстые да высокие, выходы крутые. Ну, да с нами Бог! С юга и в долинах, и в куртинах есть проломы, туда и пойдем! Каждый возьмет с собою лестницу! Ночью сядем в лодки и подойдем поближе, а как отсюда из пяти морских мортир три раза ударят, так все разом — с Богом! На берег выходить в порядке, лодки привязать и по два при лодках остаться! А теперь помолимся! — и он снял шляпу.

Была суббота десятого октября. Подошел священник и под открытым вечерним небом начал всенощную службу. Всех охватило умиление. Потом священник окропил всех святою водой.

Вдруг перед рядами охотников выросла огромная фигура царя. Его лицо было ласково и в то же время грозно.

— Кто колеблется, может уйти сейчас; нет неволи! — сказал он первые слова.

Все молчали и ни один не двинулся.

— Тогда с Богом, дети мои! — произнес царь. — Это все, — указал он на крепость, — было наше, нашей кровью полито и должно нам вернуться! Покажем же им, как мы свое отбираем! Всех поцеловал бы, да времени нет! — окончил он.

— Виват! — загремело в ответ царю, и в этом возгласе слышалась уже победа.

Голицын скомандовал и повел всех к берегу.

Там через два третьему давали крепкую лестницу и потом всех сажали в лодки.

— Отчаливай! — раздалась команда.

Яков налег на весла, и их баркас отошел от берега. Следом за ним, как тени, неслышно плыли десятки других баркасов, полных людей, обреченных на смерть. В то же время раздалась последняя канонада для того, чтобы отвлечь внимание неприятеля; с крепости стали отвечать тем же. А баркасы медленно подвигались к Нотебургу.

Голицын проводил их и тотчас приказал бить в барабан и созывать вторую партию охотников, которую решил уже вести сам.

XIII

ШТУРМ

Залпы загремели, каленые ядра огненными зигзагами чертили темное небо, и зрелище с баркасов на эту перестрелку было волшебное.

Савелов, как и всякий влюбленный, несмотря на близкую битву, был настроен поэтически, и теперь, сидя на корме баркаса и смотря вверх в черную бездну, по которой красными змеями с шипением и свистом пролетали каленые ядра, думал все о той же Кате. Быть может, она и тут недалеко где-нибудь, и до нее доносится грохот выстрелов, а она не думает, что он близко. А, может быть, она далеко-далеко и уже давно забыла о нем и думать. Что девушке поцелуй? И ему хотелось в этом бою забыться и умереть.

Выстрелы гремели. По команде передовых баркасы вдруг остановились и, выстроившись полукругом, стояли неподвижно почти перед самой крепостью, стены и башни которой в темноте осенней ночи чернели огромными силуэтами, иногда вдруг озаряемыми линией огня.

— Чего же стали? — зашептались в лодке солдаты.

— Ждем сигнала, — ответил Савелов. — Не бросайте весел! Тогда сразу наляжем и... на штурм!

Говоря это, он задрожал от волнения и крепко сжал рукой эфес сабли.

Наступило безмолвие.

А залпы грохотали по-прежнему.

На баркасе братьев Матусовых, кажется, волновались больше всех других, Яков же поражал всех жаждою боя. Он порывисто дышал, его ноздри раздувались, от него веяло мощью, и сидевшие с ним пятнадцать человек словно электризовались подле него.

— Вздуем их? — спросил Якова Семен Матусов.

— Ох, я один на стену пойду! — жадно ответил Яков.

— А за что ты их так не любишь?

— А кто их любит? Спроси у любого: и у нашего, и у финна, и у карела! Ишь, они, дескать — господа, а мы — сволочь! Да! У нас вот взяли Ермилу Дерюгина за то, что их майору не поклонился, да палками забили. А вот как был у нас Ливенталь... Меня чуть за него не повесили, да я убег! Да!

Яков дышал, как был на работе, сжимал кулаки, и глаза его горели.

— Здорово! Ха-ха-ха! — засмеялся Семен Матусов.

— С таким молодцом мы что с ротою! — подхватил Степан.

— Пожар! — вдруг крикнули на соседнем баркасе.

Канонада сразу смолкла. В крепости Нотебург показалось красное зарево; оно стало расти и расти и поднялось высоко с черной шапкой черного дыма.

— Наши ядра зажгли! — крикнул Фатеев.

— Виват-ат! — донеслось до них с русского берега.

А следом за этим возгласом внезапно наступившую тишину нарушили три зловещих залпа, каждый из пяти мортир.

— Бум... бум... бу-ум, — прогудело в тишине.

— Вперед! — раздались команды.

Сидевшие на веслах сразу легли на них, баркасы двинулись, стройным рядом понеслись к берегу, а затем неслышно врезались в песчаный берег.

— Бери на причал! Двое у баркаса, лестницы вперед! Стрелять не надо! Марш! — раздалась в тишине команда, заглушаемая треском пожара в крепости.

Это было в воскресенье одиннадцатого октября 1702 года, в половине четвертого утра.

Тьма начала редеть, и в серой полумгле, озаренной заревом пожара, отряд Матусовых увидел в полутораста саженях высокие, толстые стены и башни крепости с толстыми короткими пушками.

Под стенами шел широкий ров.

— Стойте! Здесь левее пробита брешь, надо в нее лезть. Потихоньку вперед! — остановил всех Фатеев и, приняв общую команду, повел всех колоннами.

У Якова на плечах висела лестница, в руке он сжимал тяжелый тесак.

Они быстро опустились в ров, перешли по грязи и выбежали к стенам крепости. Но там их уже ждали. Лентой огня опоясалась стена, раздался оглушительный залп над самыми головами осаждающих и следом за ним стоны и крики.

— Вперед! — заревели озлобленные Матусовы и рванулись к самой стене. — Лезь!

Яков поставил лестницу и один, как безумный, полез по ней вверх. За ним поспешили другие. Яков взобрался наверх и зарычал от ярости. Лестница больше, чем на сажень, не доходила до гребня стены.

"Бум! Бум! Бум!" — грохотали пушки, а между их залпами

слышался треск ружейной пальбы, и русские падали с лестниц, покрывая землю трупами.

— Назад! — закричал испуганный, раненый Фатеев.

Он видел, что атака отбита, и жалел людей.

— Помощь! Помощь! — закричал Савелов.

Матусовы оглянулись.

— Вот так фортеция! Здорово!

— Теперь наша возьмет! — раздались голоса.

На ста баркасах плыла подмога — вторая партия охотников из десяти полков, под командой Голицына. Он стоял впереди и махал шпагой.

— Теперь будет им жара! — засмеялся Савелов.

Фатеев наскоро перевязал раненую голову и снова стал в ряды.

Баркасы подчалили. Солдаты с криками бежали к крепости, сыпавшей теперь ядрами и картечью. С высокими стенами, вооруженными пушками, с массой солдат, она казалась неприступной, и, в сравнении с ее громадой, люди, копошившиеся внизу, казались карликами.

— Вперед! — закричал майор Карпов своим преображенцам.

Они рванулись и затем остановились. Их любимый начальник взмахнул руками и упал навзничь, пронизанный картечью.

— Бросьте меня! Вперед! — крикнул он, поднимаясь на руках.

— Вперед! — закричал сержант.

Солдаты бросились. Один из них подхватил майора и на сильных плечах бегом донес его до баркасов.

— Побереги командира! — сказал он дежурному, кладя майора на землю, а сам побежал назад, где бой дошел до безумного ожесточения.

Как тигры в клетке, метались русские у подножия стены. Лестницы были коротки даже для бреши.

— Семушка! — закричал Степан Матусов.

— Степушка! — отозвался Семен.

— Бежим к воротам! Взломаем их!

— К воротам, к воротам! — раздались голоса.

Часть охотников столпилась у ворот, тяжелых, обитых железом, и били в них, кто чем: бревнами, каменьями и в ярости эфесами тесаков. А на них сыпались кирпичи, бревна, ядра и картечь, вырывая жертву за жертвой.

С другой стороны солдаты на коротких лестницах старались добраться до гребня стен и лезли друг на друга по плечам, но брошенное бревно сразу валило всю вереницу людей, и они поднимались, избитые, окровавленные, но лишь с тем, чтобы лезть на те же стены.

Это была героическая осада!

Князь Голицын, измученный, остервенелый, в бессилии опустился на землю и отирал пот с лица.

Кругом раздавались крики и стоны, даже не заглушаемые ревом орудий, и все, окутанное пороховым дымом, казалось кровавым кошмаром. Яков с головой, разбитой кирпичом, с окровавленным лицом остановился подле Голицына, не подозревая в нем главного начальника.

— Что? Утомился? — ласково спросил его Голицын.

— Ничего! — ответил с досадой Яков. — А только злость!

— На что?

— Да как же! Известно, все одурели, — горячо заговорил Яков, — а начальство может, да не видит. Я кричу, а меня кто послушает!

— В чем дело-то? — спросил уже хмурясь Голицын.

— Да в том, что лестницы коротки, — ответил Яков, — а коли их связать по две, так в самый раз подойдут. Да где! — и он махнул в отчаянии рукой, — и эти-то поломают!

Голицына словно подбросило. Он вскочил на ноги и обнял Якова.

— Озолочу тебя! Эй, вы! Труби отбой! Бей отбой! — закричал он барабанщику и трубачу и побежал к осаждающим.

Раздались звуки труб и барабанов. Солдаты с недоумением и досадой опускали оружие.

Яков стоял и смеялся, сознавая, что его поняли и оценили.

И вдруг по всем рядам пронесся радостный возглас, и все засуетились.

Шведы в недоумении примолкли.

— Отчего они вдруг отступили? — спросил изумленный комендант.

— Теперь не отступят, — мрачно ответил стоявший подле него бомбардир. — Возьмут нас!

— Но зачем они остановились?

— Они вяжут лестницы! — испуганно объявил офицер, подбегая к коменданту. — Теперь достанут!

— Надо сдаться! — сказал старший офицер.

— Мы защищались девять часов, — нахмурился комендант, — будем защищаться еще двадцать девять! Пли!

Раздался залп, а следом за ним громче залпа раздался воодушевленный крик русских!

— Впору! Как есть! Полезай! Виват!

Связанные по две и по три лестницы достигали теперь до бреши и даже до гребней стен.

— Лезь!

Солдаты полезли. Шведы бросились защищать стены. Бой превратился в ад.

Голицын торопил вязать лестницы, командовал над бьющими ворота, ободрял уставших.

Вдруг к нему протиснулся царский денщик.

— Государь приказал отступать, — сказал он, — чего даром людей терять!

— Государь? — закричал Голицын, заглушая крики и грохот. — Скажи государю, что мы теперь не его, а Божьи! Эй! — крикнул он еще громче, — бегите к баркасам, обрубите причалы и оттолкните лодки. Отступления не будет!

Денщик захохотал в нервном волнении.

— Пусти меня в бой! — сказал он.

— Иди! Ребята, вот еще лестница! Лезьте! Еще немного! Ну, ну! Виват!

XIV

ВЗЯТИЕ НОТЕБУРГА

Тринадцать часов длился невероятный по ярости бой. Гладкие, высокие стены, на гребне которых десятки пушек сыплют картечь и ядра, тысячи осажденных бросают кирпичи, камни, льют горячую смолу, и осаждающие, которые поодиночке влезают наверх стены и бьются врукопашную.

Яков три раза был на стене и три раза его сбрасывали вниз, но каждый раз он успевал сползать почти без царапины и с новой яростью лез наверх.

Матусовы колотили в ворота огромным бревном, и гул их ударов заглушал иногда выстрелы. Их лица были исцарапаны, но они дружно и яростно уже четыре часа делали свое дело, сменяя третье бревно.

К ним на подмогу подходили то одни, то другие. Сам Голицын несколько раз подходил к ним и говорил:

— Молодцы, господа сержанты! С вашей силой всякие ворота расколются.

— Рады стараться! — отвечали Матусовы и снова поощряли друг друга: — Бей, Семушка! Навались, Степушка! Раз, два!

А на них бросали кирпичи, камни и суковатые поленья.

— Ой! — вдруг вскрикнул Степан и, выпустив бревно, пошатнулся.

Семен бросил бревно и охватил брата своими могучими руками.

— Степушка, что с тобою?

— Ой, убили! — простонал Степан и грузно повис на руках брата.

Семен стал белее савана. Он напряг всю силу, поднял брата и чуть не бегом отнес его к берегу реки, где и положил на сырой песок. Опытный в бою, он тотчас расстегнул брату мундир, снял шапку и стал осматривать его. Вся грудь и плечо Степана представляли черную, как сажа, поверхность. Плечо вздулось, и правая рука висела бессильно.

Семен вспомнил, что, перед тем, как крикнул его брат, на них с глухим шумом упал огромный камень.

— Степушка, очнись! — заговорил он, дрожа от волнения. — Погоди, я воды дам! — и он, зачерпнув каской воды, брызнул на лицо брата.

Степан открыл глаза, и слабая улыбка двинула его губы.

— Скажи слово, Степушка, — нагнувшись к нему, прошептал Семен.

— У-ми-ра-ю. По-це-луй, — чуть двигая губами, ответил Степан.

— Не хочу! — вдруг закричал Семен, вздрогнув и поняв весь ужас слов брата. — И я с тобою! Отчего тебе умирать? Камень? Камень — пустяки! Помнишь, как я под коня попал, голову разбил и ничего. А ты — камень! Я не буду жить без тебя! Степушка, — умоляюще проговорил он, — подержись! Я увезу тебя, там лекарь, он вылечит. Степушка! — и он встряхнул брата, увидев его опять неподвижного, с закрытыми глазами.

Степан вдруг поднялся на локоте, кровь хлынула у него изо рта, он захрипел и откинулся навзничь.

Семен нагнулся над ним и застыл с широко открытыми от ужаса глазами. Он ничего не понимал, ничего не слышал. Его вдруг охватила немая тишина мертвого покоя.

А пушки грохотали, нанося смерть и увечья, гремел таран, за который взялись другие солдаты, раздавались крики, стоны, и остервенелые солдаты лезли на стены, падали и снова лезли.

Голицын чувствовал, как падают силы осаждающих, и, боясь отступления, велел от берега отгонять прибиваемые течением баркасы.

— Мы в Божьих руках, — говорил он, — или возьмем фортецию, или умрем. Назад дороги нам нет! Не на чем!

И оробевшие на миг воины снова бросились под стены.

Уже надвигался вечер.

— Государь, — сказал Меншиков царю, — нужна помога, пусти меня!

Царь нервно передернул плечами.

— Сколько молодцов гибнет! Надо было зимы ждать!

— Зимы? — воскликнул Шереметев. — До зимы мы всю Неву пройдем! Статочно ли из-за такой фортеции до зимы стоять!

— А солдат не жаль?

— От болезней хуже бы перемерли.

— Я пойду, государь, — повторил Меншиков.

Петр кивнул.

Меншиков быстро собрал новых охотников и двинулся на помощь. Войска оживились.

Бой длился уже тринадцать часов. И вдруг в самом разгаре боя пушечный рев замолк и на крепостной стене раздался редкий барабанный бой.

— Шамад бьют! — закричали в наших рядах, — прекращай бой.

— Виват! Шамад!

С того берега от батареи царя тоже раздался барабанный треск.

Бой кончился. На стене крепости взвился белый флаг, и из нее вышел молодой офицер в сопровождении барабанщика.

Голицын встретил его среди своих утомленных солдат.

— Вы сражались, как волки, — сказал он.

Поручик улыбнулся.

— Но вы сломали нам зубы. Где можно видеть фельдмаршала?

Голицын проводил его до лодки, а Ментиков вызвался проводить к фельдмаршалу.

Утомленные солдаты тут же, под стенами крепости сделали привал. Вскоре запылали костры, и стали варить пищу; раздались песни.

Фатеев и Савелов вышли к берегу реки. Савелов произнес:

— На самую стену я влезал, двоих подле меня убили, а мне нет смерти.

— А на что тебе умирать?

— Ах, я не могу жить, не зная, что с Катей!

— Так теперь узнаешь; она ведь в этих краях.

Савелов только вздохнул.

Вдруг они оба вздрогнули и остановились. До их слуха донесся словно бы вой.

— Что это? — воскликнул Савелов.

— Пойдем, посмотрим, — сказал Фатеев, и они оба побежали на доносившийся крик и скоро натолкнулись на Матусовых.

Степан лежал неподвижно, а к его груди припал огромный Семен и выл, причитая: "Степушка, очнись!" Но Степушка уже похолодел и на крик своего брата: "Вот так фортеция!" — не мог бы ответить богатырским раскатом смеха.

Савелов и Фатеев склонились над Матусовым и окликнули его.

Он поднял на них отуманенный взгляд и жалостно сказал:
— Убили!

— Убили! — грубо произнес, вытирая слезы, Фатеев. — А ты реветь? Теперь за него надо десять кургузых убить, а не причитать.

— Десять! — закричал Семен, словно очнувшись и сжимая кулаки. — Да я в тридцать клянусь! Тридцать забью, и все мало будет. Степушка, это им отрыгнется, — сказал он мертвому брату и поднялся с земли.

Петр составил ответ, который от лица Шереметева и был передан коменданту крепости. Весь гарнизон с больными и ранеными отпускался в Канцы. Коменданту, офицерам и солдатам с их женами и детьми дозволялось выступить из крепости с музыкой, распущенными знаменами и пушками, в вооружении, с порохом и пулями во рту.

Комендант принял условия и сдал крепость. Наши войска заняли караулы. Шведы выпросили три дня срока для приготовления к оставлению крепости.

XV

ОТКРЫТИЕ

Ярко светило солнце утром четырнадцатого октября, и радостное оживление царило в русском лагере.

Фельдмаршал Шереметев с государем и со всем генералитетом собирались переехать в новую русскую крепость.

Полки семеновский и Преображенский собирались туда же — занять казармы.

Суетился и Митька Безродный со своей Матрешкой, собирая свой кабак.

— Не до вас, — говорил он всем, заходившим к нему, — видите — занят! Приходите ужо в фортецию, там я торг начну, — и он поспешно таскал бочонки, кружки, фляжки в большую, просторную лодку.

В то же время у самой крепости происходила торжественная церемония. От огромной бреши в стене крепости до самого берега в два ряда стояли молодцы, русские воины, а впереди них князь Голицын и другие начальники. На Неве качались две огромные шаланды. Раздалась команда: "Смирно!" В то же время загремели барабаны, раздались фанфары, и из бреши вышел сначала комендант крепости, потом три знаменосца с распущенными знаменами, потом трубачи и барабанщики и, наконец, солдаты с тяжелыми фузеями. Они опустили знамена перед Голицыным и с музыкой направились к баркасам.

— В Канцы едут! — сказал один старый солдат.

— Голубчики, да их всего до полусотни! — с сожалением воскликнул Яков.

— И то слава Богу!

— Отчего это у них щеки такие вздутые? — спросил Яков.

— Дурень! — ответил старый солдат. — Это им по положению дано столько пуль унести, сколько в рот поместится.

— И бабы! И дети!

Действительно следом за отрядом из крепости вышли женщины и дети, за ними — несколько повозок с разным скарбом и, наконец, четыре пушки.

Комендант крепости, видимо торопясь оставить опозоренный пост, кричал и волновался, распоряжаясь посадкой на шаланды. Женщины тоже кричали, дети плакали, а музыка играла какой-то торжественный марш.

Наконец все уселись. Паруса надулись, причалы были отданы, и шаланды плавно двинулись по течению. Голицын махнул шарфом. Красной линией прошел огонь про стене взятой крепости, и раздался пушечный залп, за ним — другой, третий; но это не была уже убийственная канонада, а выражение торжества.

— Виват! — загремело в рядах солдат, и при этих кликах на главной цитадели крепости ветер рванул огромный флаг и на его поле, словно рея в воздухе, распростерся в воздухе русский орел.

— Виват! — грянуло перекатом и с другого берега, и оттуда отчалила царская лодка.

Царь, веселый и радостный, стоял на руле и оживленно произнес:

— Мы назовем эту фортецию не по-старому Орешком, а Ключом; пусть будет это Шлиссельбург. С ним вся Нева наша, а с нею и море! Виват! Ты, Алексаша, — обратился он к Меншикову, — будешь первым комендантом сей фортеции. Береги ее, как свой глаз!

Шереметев и Апраксин в своих блестящих мундирах сидели недвижные, важные, чувствуя, как гордой радостью наполняются их русские сердца.

Голицын встретил Петра и поднес ему ключи от крепости. Государь обнял Голицына.

— Благодарю, Михайла Михайлович! Без тебя не было бы сего радостного дня! Жалую тебя в полковники и отпишу тебе три деревни с людишками. Сам выбери! Жалую и всех солдат, и господ офицеров! Который достойнейший?

— Все, государь! — ответил Голицын.

— Так и быть должно! — радостно ответил Петр. — А ты что не радостен? — вдруг обратился он к Матусову, на которого упал его взгляд.

— У него брата убили, — ответил за Матусова Савелов.

— Брата? Как звать? Где был?

— Семен Матусов, полка Гулица, сержант. Был под Нарвою, — быстро ответил Савелов.

Петр кивнул и пошел дальше.

Ворота крепости были открыты настежь. Гремела музыка, и, заглушая ее, раздавались залпы пушек.

— Знатная была виктория! — с чувством торжества сказал Петр. — Теперь, Алексаша, устрой великое возлияние богу Бахусу. Где мне квартира?

— В комендантском доме.

— Фатеев, — сказал Петр, — ты у меня нынче за денщика. Пойдем писать письма. Алексаша! Готовь все к пиру!

Фатеев, охваченный радостью от неожиданной милости, трепетный пошел следом за государем. Савелов посмотрел ему вслед с нескрываемой завистью.

— Задаст он ему баню! — смеясь сказал Багреев. — Ведь у него работы сейчас выше маковки будет и вся наспех.

Матусов стоял с безучастным равнодушием ко всему. Он

только что вчера похоронил своего брата. Савелову было жалко его до слез.

— Семен, — окликнул он его, — пойдем выпьем! Степана не вернуть, а мы за него этим кургузым шведам дадим памяти! Пойдем!

Матусов встрепенулся. Его глаза сверкнули, кулаки сжались.

— Пойдем! — сказал он отрывисто и прибавил: — Только для этого и жить буду!

Савелов увидел Якова и позвал его с собою.

— Иди и ты! Слышь, князь обещал тебя перед царем отличить!

Яков широко улыбнулся.

— У меня денег нет.

— Глупости! Иди!

Митька уже нашел полуобгорелый дом, занял его и открыл в нем торговлю. Его рябое, скуластое лицо все обратилось в сплошную улыбку, маленькие глазки светились радостью.

— Устроился? — окликнул его Савелов. — Ну, давай нам есть и пить!

— Мигом! Эй, Матрешка! Живо!

Матрешка вырвалась из объятий преображенца и подбежала к Савелову.

Попойка в кабачке стала разгораться. Матусов, под влиянием выпитого, клялся убить пятьдесят шведов и стучал кулачищем по столу.

Яков поддакивал ему и говорил:

— Теперь в Канцы придем, там я уже до Ливенталя доберусь!

— А кто Ливенталь? — спросил Савелов.

— А мой ворог. Меня он в Канцах повесить хотел, да я, вишь, не дался.

— А ты сам-то откуда?

— Я-то? Да из нашего поселка... из Спасского.

Савелов даже подпрыгнул и ухватил Якова за руку.

— Из Спасского? — закричал он. — Может, ты там кого знаешь?

— Всех знаю. Родился там, рос.

У Савелова сперло дыхание.

— Пряхова купца знаешь?

— Охо-хо! — засмеялся Яков, — да я сам — Пряхов, купца Пряхова сын.

— А... Катерина?... — задыхаясь и сжав Якову плечи, спросил Савелов.

— Сестра моя! Да постой! Ты — Антон? И на коне? И Мариенбург брал?

— Я, я!

— Ну, так она наказала сыскать тебя и кланяться, — сказал Яков, и в тот же миг Савелов сжал его в своих объятьях.

— Друг мой, брат! Давай поцелуемся! Давай выпьем! Сеня! Он — брат ее! — И, когда прошел первый восторг, Савелов стал расспрашивать Якова обо всем, что касалось его Кати.

XVI

ЦАРСКИЙ ПИР

Фатеев был, как в угаре; никогда еще он не испытывал такого смешанного чувства радости, страха, гордости, преданности, как теперь, когда царь, отличив его, позвал с собою на работу.

— К столу садись, — отрывисто сказал ему Петр, — бери перо, бумагу и пиши! Чего не дослышишь, спроси, а не то чтобы на авоську! Ну!..

Он сбросил казакин, раскурил свою трубку и начал диктовать письма о "знатной виктории" князю Ромодановскому[11], Апраксину, Виниусу, Стрешневу, думному дьяку Иванову и еще разным лицам. Он диктовал быстро, отрывисто, но каждое слово словно чеканил, а в промежутке слов расспрашивал Фатеева о подробностях штурма.

Тот писал и рассказывал, что видел сам. Страх прошел; Фатеев даже словно забыл, что с ним Петр, который за малейшее упущение карает тотчас собственной дланью и который от пустого слова иной раз приходит в безумную ярость.

— Так, так, — говорил Петр, — мои орлы молоды да задорливы. Ну, пиши: "Сир (это нашему кесарю), покорно доносим вашему величеству"... А лестницы коротки были? Где же все знать!.. "что крепость Нотебург, по жестоком"... да, жесток бой был... Как того звать, кто надоумил лестницы вязять?

---

[11] Ближайший сподвижник Петра I по делам внутреннего управления, князь-кесарь.

— Яковом! Тот самый, что вначале один пушки отбил.

— Из Спасского? Охотник? Молодец! Отличить его надо!.. "и чрезвычайно трудном приступе, который продолжен был выше двенадцати часов, на имя вашего величества сдалась на аккорд"... Напомни мне про этого Якова и про того, у которого брата убили. "А как тот балагур был, о том пространнее буду доносить впредь"... Сегодня и то времени нет Надо еще с Алексашей поговорить... "а ныне не успел... Сею викториею поздравляю ваше величество. Пребываю"... Отложи, я потом ужо сделаю. Теперь на Москву пиши о встрече. Через две недели там буду. Ты со мною! Зело ты грамотен. За границей не был?

— Не был. В московской школе учен.

— Добро и то. Не всем фортификацию знать да иные науки, нужны и просто грамотные да честные люди. Зови Алексашку!

Фатеев выскочил в соседний покой и, увидев Меншикова, поклонился ему и сказал:

— Государь зовет!

Меншиков тотчас вошел в горницу.

— Ну, — приветствовал его государь, — фортецию взяли, господин комендант. А что нашли в оной фортеции?

— Сосчитано, государь, изволь видеть! — И Ментиков из-за обшлага мундира вытащил бумагу и стал читать: — Орудий медных, на стенах, 23; чугунных — 116; ручных гранат — 4800; бомб — 160; ядер — больше 11 000; картечей — 400; пороха — 270 бочек; ружей — 1100; шпаг — 300; лат — 172, а также в бочках селитра, смола и сера; немало и амуниции, и много добра; только снеди нет, а вино тоже нашел доброе и в изрядном количестве!

— Добро! — усмехнулся Петр. — А много потеряно?

— Всего пятьсот тридцать восемь, из них офицеров двадцать пять, сержантов десять.

— А недостойные были?

Меншиков замялся.

— Были? — повторил царь.

— Мало: восемь в Преображенском, а в семеновском четверо.

Лицо царя передернула судорога.

— Наказать не в пример! Гнать сквозь строй по триста палок, плевать в лицо и повесить. Не должно быть трусов, кои страхом и иных смущали бы. Распорядись! Да, Якова, что из Спасского, в сержанты и завтра мне доставь; Матусова в поручики, а за умершего брата отпиши ему двести дворов и дай триста рублей. Еще наградить: капитанам по триста рублей, поручикам — по двести, фендрикам — по сто, сержантам — по семьдесят, а капралам — по тридцать рублей. Рядовым племянникам в старый оклад, старым — в капральский. Много ушло шведов?

— Сорок четыре солдата да восемнадцать офицеров!

— Храбрые воины! Расскажут другу Карлусу! Ну, ну! Будет чем гарнизон довольствовать на зиму?

— Кругом карелы. Скуплю, что можно.

— До весны здесь будешь. Весной в Канцы пойдем.

— А гарнизон велик будет?

— Зачем? Шереметев с войском опять во Псков уйдет. Апраксин со мною, а ты тут один будешь. Довольно, ежели тебе пятьсот оставить. Пушки есть, снаряды... а мне люди нужны. Ты же до весны все разузнай. Этого Якова послать надо, чтобы он по Неве нам людишек мирил. Мы, дескать, теснить никого не будем. Так. Ну, а анисовая есть?

— Все готово! — встрепенулся Меншиков.

— Тогда идем! Отпразднуем викторию! Тебя как звать? — обратился царь к Фатееву.

— Александром!

— Вот тебе! Тезка моему Алексашке. Ну, будь Сашей! Идем!

Фатеев покраснел, как девушка, и двинулся за царем. Тот снова накинул казакин и огромными шагами пошел за Меншиковым.

Комендантский дом был устроен со всеми удобствами и имел в изобилии и мебель, и посуду, и даже припасы, а в погребе массу вин. Меншиков все успел разыскать и уставить на стол и красиво, и обильно. При входе царя скрытые музыканты заиграли фанфару, собравшиеся на пир, до чина капитана, крикнули "виват!" и, не церемонясь, сели по местам. Расторопный Меншиков поднес царю огромную рюмку анисовой водки с куском черного хлеба, густо посоленным.

— А Алешка здесь? — спросил Петр.

— Здесь, государь!

С края стола поднялся бледный юноша с робкими глазами. Фатеев в первый раз увидел царского сына, Алексея Петровича.

— Ну, садись! Да пей у меня! — смеясь сказал Петр. — Нынче впервые видел штурм, нынче впервые пьян будешь. Не робей только! Пусть это тебе крещением будет!

Фатеев видел, как вспыхнуло лицо юноши.

Меншиков посадил Фатеева почти напротив царевича.

— Ну, есть! — приказал Петр. — Где щи?

— И щи есть, государь! — весело ответил Меншиков.

— Одного нет только, — захохотал Петр, кивая Меншикову.

— И то будет! — ответил ловкий царедворец.

— Ах, плут!

— На том стоит Алексаша, чтобы нас угощать, да на нас потом верхом ехать, — раздался голос Балакирева.

— Ты, шут, молчи!

— Кому шут, тебе дядюшка!

Царь и окружающие его жадно ели горячие щи и потом вареную говядину, после чего началось то, что называлось пиром. Фатеев пил и в походе, и во Пскове, особенно во Пскове, где сошелся с Савеловым и Матусовым, но такого пьянства он еще не видал. Дым из трубок заволакивал всю комнату; пламя сальных свечей и лица сидящих казались красными пятнами, и только лицо царевича выделялось своей бледностью. Громадные стеклянные бокалы наполнялись беспрерывно то белым, то красным вином и осушались при кликах "виват".

— Нет нашего Зотова, — сказал Петр, — а то бы он нас потешил.

— И без него можем, — отозвался Меншиков. — Я сейчас!

Он скрылся и через минуту вернулся с женщинами и девушками. Они стыдясь остановились на пороге.

— Не бойтесь! — закричал им Шереметев. — Саша, поднеси им!

Несколько человек поспешно стали угощать женщин вином. Они выпили и повеселели.

— Ну, пойте! Пляшите!

Стало твориться что-то непонятное. Фатеев, как сквозь сон, слышал визгливые женские голоса, оравшие песни, видел, как начался пляс, причем даже Меншиков пустился вприсядку, а царь хлопал в ладоши. Вскоре на колени Фатееву села девушка и обняла его. Он тоже обнял ее и стал петь какую-то песню. Потом все закружилось в его голове, и он потерял сознание, только в ушах его звенели смех и песни.

Когда Фатеев очнулся, кругом царила тишина. Бледное утро слабо пробивалось сквозь крошечные окна, и царский денщик с удивлением увидел себя под столом. Он поднял голову и огляделся.

Картина была словно после сражения. Недалеко от него лежал майор, раскинув руки и положив голову на живот толстому капитану; подальше лежала баба. Фатеев вылез из-под стола. На столе валялись сулеи, опрокинутые бокалы, кучами лежал пепел из трубок. На скамьях спали вповалку, и на полу безобразными пятнами виднелись следы неумеренно выпитого. Фатеев шатаясь выбрался в соседнюю комнату,

71

увидел широкую лавку, плюхнулся на нее и захрапел
богатырским сном.

XVII

НА ПОИСКИ

Савелов трепетал от радости. Словно он нашел Катю и
услышал из ее уст слова любви, — так дорого было ему
сообщение Якова. И теперь Яков стал для него дорог, как друг,
как брат. Он сел рядом с Пряховым, обнял его за шею и,
любовно смотря ему в глаза, повторял:

— Говори же, все говори!

Багреев смеялся.

— Не будь Яков таким быком, ты, Антон, задушил бы его!

— Ах, друже, да как же мне не радоваться-то! Ведь нашлась!
— радостно воскликнул Савелов и вновь обратился к Якову: —
Повтори, что она тебе наказала.

Яков повторил чуть не в четвертый раз.

— Век меня помнить и ждать будет! — с блаженной
улыбкой повторял Савелов. — Верно ли ты запомнил?

— Да уж верно! И наказала: береги себя. Вот!

А попойка продолжалась. Несколько солдат пели хором,
откуда-то взявшаяся баба плясала; в кабаке стоял гомон и дым
махорки ел глаза.

Матусов напился и спал. Багреев ушел на государеву
пирушку. Савелов подхватил Якова, сказал: "Пойдем ко мне" —
и поволок его в свое помещение.

Фатеев сразу нашел крошечный чистенький домик, в
котором и поселились он, Багреев, Савелов и Матусов, как
раньше во Пскове. Три комнатки с глиняными полами, с
крепкой деревянной мебелью, с посудой и тюфяками,
набитыми шерстью, оказались в полной исправности, словно
ждали гостей.

Савелов ввел Якова в первую комнату, не зажигая огня,
усадил его на скамью и сказал:

— Ну, теперь не опущу, пока всего не расскажешь!
Расскажи про семью: кто есть — отец, мать, братья, сестры? Как
живете, что делаете? Где теперь, сейчас вот!

Яков неохотно начал рассказывать про свою семью, про

72

торгующего отца, про мать, про их жизнь в Спасском, но незаметно для себя увлекся рассказом. Вспомнились ему недавние поездки по Неве, прогулки по лесам; вспомнились Софья, краткий миг объяснения с нею и первый поцелуй. Словно тихая волна подхватила его и забаюкала, и он говорил, говорил не умолкая о родном доме, отце, матери, Кате и Софье.

Савелов жадно слушал его, и в уме у него вставала, как живая, Катя с ее русой косой, голубыми большими глазами и пунцовыми губами. Видел он ее, и как она за пяльцами сидит, и как по двору с Софьей бегает, и как она сама с лодкой управляется.

— Ах, — время от времени вздыхал он от избытка счастья, — хоть бы глазком ее повидать!

— А мне бы Софью!

— А ты любишь ее?

— Софью-то? — И вспыхнувший Яков излил перед Савеловым все долго сдерживаемое чувство — словно он не далекой Софье, а ему, Савелову, объяснялся в любви, так горячи были его речи и так порывисто он дышал. Наконец он воскликнул: — Ты ежели поедешь к ним, повидаешь Сонюшку, то скажи, как она мне люба! Ты ведь поедешь?

Савелов даже выпрямился.

— Непременно! На этих днях и поеду! В Новгороде, говоришь?

— В Новгороде. Купца Пряхова спроси только. У нас там и склады свои, и дом, и две шенявы... большие!

— Отпрошусь и уеду! Теперь, слышь, на время зимы передых будет.

— Известно!..

Савелов оставил Якова на ночь, засветил каганец и, указав Якову на постель Матусова, лег на другую лавку.

— Он не придет, — сказал он про Матусова, — с той поры, как его брата убили, он все пьет и у Митьки ночует.

Яков лег. Огонь снова погасили и в темноте говорили оба наперебой: Яков про Софью, а Савелов про Екатерину — и эта ночь сдружила их, как братьев.

Они заснули только под утро и проснулись, когда солнце, едва видимое сквозь серую пелену дождя, уже поднялось до своего предела. Проснулись они от топота ног и голосов. Посреди комнаты стояли Матусов и Фатеев, оба с воспаленными глазами, с распухшими от пьянства лицами.

— Ба! — закричал Фатеев. — А он, охотник из Спасского, и сам тут! Тебя-то нам и надобно! Вставай, лежебока, скорее, да одевайся, тебя царь наказал к нему доставить... тебя и Семена! Вставай, вставай!

Яков вскочил, и у него от страха дрогнули ноги.

— Мне чего одеваться? — просто ответил он. — Умоюсь и весь тут!

На нем была все еще кожаная куртка да высокие сапоги. Он еще не получил мундира и амуниции.

Савелов тоже встал.

— А я пойду к своему командиру, — сказал он. — А Багреев где?

— Где? — Фатеев засмеялся, — в комендантском доме под столом валяется. Да государь приказал всех водой облить, так, надо думать, Багреев очухался! Со мною то ж было. Я это спал на лавке, вдруг как что-то на меня хряснет. Я выругался, вскочил, думаю: сейчас сдачи дам, а передо мною государь. "Пей и дело разумей, — сказал он мне, — чего до сей поры валяешься? А еще денщик! Возьми, — говорит, — ведро, зачерпни воды и всех, что там валяются, облей хорошенько, авось протрезвеют. А потом ко мне этого Якова да Ма"... Ах, Боже мой, что же это я так заболтался, — спохватился он, — царь, того и гляди, дубинкой своей взгреет! Идем, идем! — и Фатеев почти за руки потащил Якова и Матусова к комендантскому дому.

Матусов шел равнодушно, а Яков дрожал, как от озноба, при мысли, что он уже второй раз будет видеть царя.

Фатеев оставил их на крыльце и пошел в дом, откуда вернулся через минуту и позвал их за собою. Они прошли две горницы и вошли в занятую царем. В ней уже все носило отпечаток царственного работника. Посредине горницы находился огромный стол с картами, чертежами и бумагами и подле него несколько табуреток; вдоль стены стояла сколоченная из досок богатырская кровать, на одеяле которой лежали царский камзол и кисет с табаком. В простенке между окон примостился токарный станок, и царь склонившись быстро вертел колесо, а из-под его рук с тонким свистом быстро сыпались костяные стружки.

— А, привел! — хрипловатым голосом сказал Петр и, бросив станок, обернулся к вошедшим.

Матусов вытянулся, а Яков хотел опуститься на колени, но вспомнил царский запрет и тоже вытянулся.

— Это твоего брата убили? — обратился царь к Матусову.

— Моего, — глухо ответил Семен.

Царь положил свою могучую руку ему на плечо, и голос его зазвучал необычайною нежностью.

— На то война! Ее законы прежестоки. А ты не падай духом! Ты жив и родине нужен, а разуметь должно, что все мы — и ты, и я — за свою родину животы свои всегда положить готовы. И в том наше счастье, что все мы — сыны одной великой Руси!

Жалую тебя в поручики, жалую двести дворов и триста рублей — как бы тебе и брату твоему.

Матусов всхлипнул, как женщина, и опустился на колени.

— Встань! Я ведь за жалованье и дело спрошу! — сказал царь и обратился к Якову: — А ты, молодец, опять при штурме отличную аттестацию заслужил. Сказывали мне, с лестницами ты смекнул? Хвалю! Тебя в сержанты и денег тридцать рублей. Ну, а звал я вот для чего, — и Петр в коротких и сжатых фразах стал объяснять, что он ждет от Матусова и Якова.

Яков знает всю Неву, ее берега, ее жителей. Весной царь будет здесь и пойдет брать Канцы. Так вот надо все к тому времени приготовить. Место вызнать все, где и что крепко или слабо; жителей, не шведов, успокоить, чтобы не убегали и русских приветливо встречали, и хорошо, если знать все, что в Канцах делается.

— Оба и пойдете! — сказал Петр. — А обо всем Меншикову, господину коменданту, докладывать будете. Поняли? Ну, и с Богом, завтра же! А теперь ты, Саша, пиши Виниусу цидулу.

Фатеев тотчас наклонился над бумагой; Матусов щелкнул каблуками и лихо повернулся; Яков неуклюже пролез в двери, и они вышли.

Матусов словно излечился от страшного горя и широко улыбался; Яков сиял.

— Что с вами? — спросил их Багреев, — вы оба словно чищеные пуговицы.

— Господин поручик и сержант. Двести душ, триста рублей! Вот так фортеция! — закричал Матусов, в первый раз после штурма употребивший свое излюбленное выражение.

В ту же минуту в горницу вбежал Савелов.

— Виват! — закричал он. — Завтра к Кате еду! Отпустили на месяц, а после во Псков.

— Ты куда? — спросил Багреев.

— К Кате, к Кате, к его сестре, в Новгород!

— Так и я в Новгород. Едем вместе! — сказал Багреев.

— А ты зачем?

Багреев приложил палец к губам и покачал головой.

— Секретное поручение!

У Багреева, правда, было секретное поручение. Шереметев сказал Меншикову, что привез ему пленную красавицу, и, охотник до женского пола, Меншиков не мог утерпеть и скрыть свое желание. И вот Шереметев отрядил Багреева за мариенбургской пленницей, которую он должен был взять от новгородского воеводы и привезти с великим бережением к Меншикову.

На другой день друзья разъезжались, и в этот день по обыкновению устроили выпивку. В те времена иного развлечения не было.

XVIII

ИЗ СПАССКОГО В НОВГОРОД

С тяжелым чувством собрались Пряховы в дорогу.

— Ну, посидим, что ли, — сказал сам, когда телеги были снаряжены и возок подан.

Все сели чинно по лавкам и в глубоком молчании просидели минуты две, и в эти минуты чуть не вся жизнь пронеслась в уме у каждого.

Старый Пряхов вспомнил свою юность и молодость, вспомнил, как выправлял он этот дом и как привез сюда, тогда молодую и красивую, Ирину Петровну. Старик-отец говорил ему: "Деды тут торговали, торгуй и ты! Живи со всеми в мире и ладу. Не гнушайся бедным, не завидуй богатому, детей не неволь, а и поталки не давай; в своей вере будь тверд". Он ли не выполнял завета отца, кости которого покоятся вон там, у церкви! Вот под конец и сыну не поперечил, хотя тот пошел на службу к антихристу. А Господь, ишь, как покарал его! Громом грянул, да сейчас еще неведомо, что ждет их. Опалев крут на расправу и за своего кургузого никого не пожалеет.

Ирина Петровна, не удерживая струившихся слез, мысленно прощалась с дорогими ей стенами и углами, в которых текла ее безмятежная жизнь.

А Катя и Софья думали обе в эти мгновения о Якове. Где-то он теперь? Только к мыслям Кати примешивалось смутное желание, чтобы ее брат нашел и послал ей весточку о ее дружке, а Софья всей душой была с ним и думала о тех коротких минутах, в которые они открыли друг другу свои сердца. Отчего так поздно, когда чувства их уже давно-давно обоим были без слов ясны? И Софья вздохнула.

— Ну, с Богом! — вдруг прервал Пряхов молчание и встал с лавки, осеняя себя двуперстным знамением. — Благослови, Господи, в добрый час! — молитвенно произнес он.

— Сохрани и спаси, Матерь Божья, Заступница! — опускаясь на колени, воскликнула Ирина Петровна.

Девушки тоже начали креститься.

Пряхов подождал и потом стал торопить.

— Ну, ну! Пока еще не рассвело, надо далеко быть!

Они вышли. В закрытый возок сели девушки и Ирина Петровна с мужем.

— С Богом! — крикнул Пряхов, и добрые кони, тронувшись с места, пошли широким, размашистым шагом, а за возком тотчас, скрипя колесами, двигались и телеги, нагруженные товаром и домашним скарбом и сопровождаемые четырьмя рослыми приказчиками, помимо кучеров.

Если от места, где теперь Смольный монастырь (а тогда было Спасское), провести прямую линию на угол Кирочной и Преображенской улиц, а от этого места вести линию до Прудков и затем прямо вдоль Литовского и Обводного каналов за Московскую заставу и дальше, по шоссе, то это и будет линия прежней так называемой Большой Новгородской дороги. Была она действительно "большая", но тянулась на далекое пространство среди леса, который занимал тогда всю площадь нынешнего Петербурга. Кругом было пусто — только там, где теперь Волковское кладбище, раскинулись финские деревни: Гольтинс, Кауралассу да Ситала, да по всей дороге раньше шмыгали шведские отряды; но теперь на ней не было даже признака шведского солдата, после того как Петр Апраксин прошел по всей Ингрии и разбил наголову Кронгиорда, который сначала отступил к Канцам, а затем ушел в Финляндию.

Дорога была пустынна, страшна и уныла. В темноте осенней ночи ничего нельзя было видеть, и только слышно было, как хлюпали кони по размытой грязной дороге да шумел дождик в древесной листве и хвое.

Катя прислонилась к плечу Софьи и задремала; Ирина Петровна давно спала, заглушая порой своим храпом даже шум дождя; дремала и Софья, думая о Якове и видя его то раненым, то гордым победителем, которого награждает царь.

Не спал только сам Пряхов; он время от времени отдергивал кожаную занавеску возка и прислушивался к монотонному шуму дождя и ветра, стараясь уловить посторонние звуки; но все кругом было тихо, только изредка

77

раздавался отрывистый вой волка, от которого вздрагивали с испугом сытые кони.

"Ушли, — говорил себе Пряхов, — пешим теперь не угонишься, а коней у них нет. Пронесло!" — и он уже примостился в углу у возка поудобнее, чтобы заснуть, как вдруг услышал разговор кучера с кем-то и возок словно бы приостановился.

Пряхов испуганно выглянул.

Кучер недовольно говорил:

— Тут деревня есть, туда иди! Господин еще разгневается.

— Ты меня малость только... до света только, — раздался в ответ ему сиплый, просительный голос, — не дай моего грешного тела на снедь хищному зверю, и Бог вознаградит тебя сторицею за твое добро! Пусти, милый!

— Что там? Кто? — крикнул Пряхов.

По грязи кто-то зашлепал, и в темноте рядом с окном показалась темная фигура.

— Честной господин! — заговорил подошедший. — Аз есмь червь, новгородского архиерея холоп. Иду в Новгород назад к господину своему и с пути сбился. Путь дальний! Не дай сгибнуть! Дозволь твоему вознице меня к себе взять!

— Ты — не лихой человек? — недоверчиво спросил Пряхов.

— Видит Бог и святые угодники, убогий холоп! Где мне лиходеять. Смилуйся!

— Ефрем, возьми его к себе! — приказал Пряхов и закрыл занавеску.

— Дай тебе, Господи! Пошли, Царица Небесная! — проговорил архиерейский холоп и полез на козлы, говоря: — Раб Ефрем, подвинься! Ты все же ниже меня, как я холоп почитай, самого владыки, а ты чей, того не знаю даже. Ну, ну! Может, у тебя и кожан есть? Рогожа? Давай и рогожу. Сухая рогожа, что твой тулуп!..

Пряхов задремал, а сиплый голос все гудел да гудел с козел.

Кони бойко шагали, задержек на пути не было. Несмотря на темноту, дорога была ровная, и к рассвету беглецы из Спасского уже доехали до того места, где ныне стоит Колпинский посад.

Пряхов приказал остановиться. Ирина Петровна вдруг проснулась и спросонок заговорила:

— Чур меня!

— Очнись, — добродушно окликнул ее муж, — хочу малость дать коням передохнуть, да и самим поснедать чего-либо надо будет.

Девушки тоже проснулись.

Наступило утро. Солнце выглянуло с прояснившегося неба, и вокруг словно все повеселело. Возок остановился. В ту же минуту откинулась занавеска, и в окно высунулась рыжая лохматая голова, накрытая суконной скуфьей. Девушки вскрикнули, а Пряхов невольно откачнулся.

— Ну, чего лезешь? — сказал он недовольно.

Голова вздернулась, и все увидели рядом лицо с крошечной бороденкой, с маленькими, плутовскими глазками и носом, похожим на маленькую свеклу.

— Экая харя! — недовольно пробормотал Пряхов. — Чего лезешь, говорю?

— Милостивец, господин мой! — сипло заговорил архиерейский холоп, — дозволь мне в твоих холопах сим временем быть и послужить тебе честью.

— У меня и свои есть!

— Милостивец, господин честной! Аз мал и ничтожен; влекусь из далеких Соловков и нет мне среди еретиков, и люторцев ни подаяния, ни ласки, ни привета. Ослаб и изнемог. Дозволь послужить тебе, и в Новгороде за тебя молельщиком буду!

— Ну, ну, — остановил его Пряхов, — довезу тебя. Отстань!

— Милостивец! — воскликнул лохматый и скрылся.

— Кто это, с нами крестная сила? — спросила Ирина Петровна.

Пряхов объяснил.

— Богомерзкая рожа, прости Господи! Прямо висельник!

— У их архиереев эти в самом почете. Он и акафист споет, и человека, что овцу, задерет, — усмехнулся Пряхов. — Ну, выходите, что ли!

На пригорке, покрытом мхом, услужливые работники разостлали ковер и уставили на него еды и питья — меду, браги и сбитня. Путники вышли и расположились выпить, поесть и отдохнуть. Невдалеке от них работники и приказчики развели огонь и в котелке заварили толокно; стреноженные кони мирно щипали траву. Всем стало весело.

Пряхов подозвал архиерейского холопа и поднес ему чарку. Тот перекрестился, выпил, крякнул и с забавной ужимкой опрокинул пустую чарку над своей головой.

— Твое здравие, господин! — сказал он.

— Спасибо! Как звать-то тебя?

— Зови, господин, Агафошкой, Агафошка Рыжий, так меня все и кличут.

— Зачем был ты в Соловках?

— Архиерей спосылал к игумену с цидулою, а что в ней было, того не знаю, ныне же иду вспять, от игумена цидулу несу и опять, что в ней, того не знаю. Не умудрил Господь грамоту знать.

— От попа к попу, — пробормотал Пряхов, — а самого видел?

— Кого, милостивец? — спросил Агафошка.

Пряхов нахмурился. Как старовер и противник новшеств, он не хотел произнести слово "царь", считая Петра за антихриста.

— Самого, — уклончиво повторил он, — он в тех местах был.

— Сподобился, господин!

— Что же он тебе не помог?

— А с чего? Он до нас не охотник. Ему солдат поболе, а не служителей, которые при церковном благолепии.

— Истинно так, — сказал Пряхов усмехнувшись. — Никого ему не надобно, только бы табашников да немцев. Слышь, говорят-то о нем, что это — обманный царь, что его еще у матушки Натальи на басурманское дитя обменили. Как вырос, так его туда и потянуло!

— Будет тебе! — остановила мужа Ирина Петровна и потянула его за полу.

— Не веришь? — спросил Пряхов.

Ирина Петровна качнула головой и выразительно указала головой на Агафошку. Тот стоял и, видимо, жадно ловил каждое слово купца.

У Пряхова вдруг сжалось сердце, и он быстро встал.

— Эй, ребята, сбирайтесь! Посидели, отдохнули и будет! Пора и в путь!

Работники вскочили от костра и бросились исполнять хозяйский приказ.

Спустя полчаса, возок уже ехал дальше, везя на козлах рядом с кучером и рыжего Агафошку.

XIX

ПРЕДАТЕЛЬ

Дороги до Новгорода были тогда не нынешнее шоссе; всюду были грязь да ухабы, особенно в гнилую северную осень.

Однако — трух да трух, где поскорее, где потише — Пряхов с семьею добрался наконец до Новгорода, бывшего когда-то великим, и Катя, взглянув из-за фартука, закрывавшего окно, увидела и синеющую ленту Волхова, и крест на храме св. Софии и радостно закричала:

— Приехали!

Пряхов приказал остановиться и, подозвав одного из приказчиков, сказал тому:

— Возьми коня, поезжай вперед и предупреди Петра Грудкина, чтобы встретил нас.

— И я с тобой, милостивый! — увязался с приказчиком архиерейский служка.

Приказчик взял легкую двуколку, что была привязана позади обоза, впряг коня и быстро погнал в город.

Ирина Петровна набожно перекрестилась.

— Ну, доехали, слава Богу! Господи! Все суставчики размотало. Теперь, как приеду, два дня спать буду.

— Не до сна, мать, — шутливо ответил Пряхов, — надо дом обставлять!

— А девки наши на что?

— А они валяться будут! — и Пряхов добродушно засмеялся.

А кони шли легкой рысцой и скоро въехали в городской посад.

По бокам показались домики.

Переехали площадь, на которой стояла виселица с недвижно висящим удавленником.

— С нами крестная сила! — испуганно воскликнула Ирина Петровна. — Отвернитесь, девушки! У нас, в Спасском, никогда такого не бывало.

— На то, матушка, город, — объяснил Пряхов, — тут и приказ, и суд и кат[12], да и татей с разбойниками немало.

Показались городские стены. Кибитка, а за ней обоз, проехали ворота, у которых стояла стража в кафтанах и треуголках, с волосами, заплетенными в косу. Показались купцы и мещане, проехал майор на коне, прошел поп в огромной шляпе. Вот и гостиный ряд с кучей открытых ларей, площадь Софии, храм, а там заворот, широкий Волхов, и над ним, на обрывистом берегу, тенистый сад за высоким забором. Это и были дом Пряхова и его кладовые. Ворота были раскрыты настежь, и у ворот стоял высокий, крепкий мужчина

---

[12] Палач.

в длиннополом кафтане, с красивым, строгим лицом, обрамленным рыжей, словно огненной, бородой.

Пряхов вышел из кибитки и, обнявшись с этим человеком, трижды поцеловался.

— Господи Иисусе Христе! — сказал он. — Все ли слава Богу, Саввич?

— А чему быть худому? — ответил его старший приказчик и друг Грудкин, — все в порядке. За товарами три баржи послал недавно — кожи послал да лен, да пеньку. Доченька! — воскликнул он и раскрыл свои объятия, причем его лицо сразу просветлело.

Софья с легким возгласом прильнула к его груди.

Грудкин нежно погладил ее по голове, а затем произнес:

— А Ефрем прискакал, говорил, что Яков начудил что-то!

Пряхов махнул рукой.

— На все воля Божья! К царю служить ушел!

Лицо Грудкина выразило ужас.

— К. нему? К антих... — начал он, но Софья быстро зажала ему рот рукой:

— Тсс... его чуть шведы не забили!

— Пойдем в горницы! — сказал Пряхов.

— Матушка Ирина Петровна! Ласточка Катюша! — заговорил Грудкин, приветствуя мать и дочь, и все, выйдя из кибитки, пошли по широкому двору к большому, красивому дому с высоким резным крыльцом.

С левой стороны двора рядом выстроились приземистые амбары, справа раскинулся густой сад, за домом виднелись службы, а сам дом, с хитрыми кровлями и куполами, красовался, как красивый боярский сын. Несколько старых слуг вышло на крыльцо с хлебом-солью.

Чем-то родным пахнуло на Катю. Вот ее отец подошел к слугам и поцеловал каждого по три раза; потом взял полотенце с хлебом-солью и, широко перекрестившись, вошел в дом.

Все вошли следом за ним.

— Ну, вот, слава Богу, и дома! — сказал Пряхов. — Здравствуйте еще раз!

— Батюшка! Что это? — раздался вдруг крик Софьи от окошка.

Все обернулись.

Грудкин испуганно подбежал к дочери и в удивлении сказал Пряхову:

— Солдаты!

По двору мощным шагом выступали шесть солдат с

офицером, а рядом с ним суетливо бежал лохматый человек в подряснике.

— Наш попутчик, — сказала Софья отцу.

— Агафошка! — воскликнул Пряхов и побледнел.

В это мгновение в дверях показались офицер и архиерейский служка. Он, махая рукой и тыча в Пряхова, закричал:

— Слово и дело! Вот он скаредные словеса про царя-батюшку сказывал.

Офицер обернулся к Пряхову и произнес:

— По присяге арестую! Иди за мной!

Эта сцена, как гром из чистого неба, внезапно разразилась над мирной семьей. Ирина Петровна, покрасневшая, готовая умереть от прилива крови, недвижная, сидела на лавке и бессмысленно улыбалась. Пряхов стоял недвижно. Катя и Софья обнялись и испуганно прижались друг к другу, а Грудкин шагнул к противному Агафошке и замер в позе негодования.

— Ну, иди, что ли! — крикнул офицер, тряхнув Пряхова за плечо.

Тот двинулся. Солдаты окружили его.

— Береги жену и дочь! — хрипло сказал Пряхов Грудкину.

Солдаты толкнули его в спину, и все вышли, стуча тяжелыми сапогами.

— Батюшка! — вдруг закричала Катя, рванулась из рук Софьи и споткнувшись упала на колени.

— Хрр... — раздалось хрипенье, и грузное тело Ирины Петровны медленно опрокинулось на лавку, а с нее тяжело плюхнулось на пол.

— Ефремка, Тишка! — закричал Грудкин, подбегая к Ирине Петровне. — Соня, оставь Катю! Пусть плачет! Неси воды!.. Ефремка, телег не трогай! Запрягай снова! Тишка, дом на тебя! Уедем, все запрешь!..

Софья принесла рукомойник.

Грудкин облил Ирину Петровну. Она открыла один глаз. Все ее лицо перекосилось, в груди и горле раздавался хрип.

— Батюшка, ты что задумал? — тихо спросила Софья.

— Увезти вас отсюда к Еремеичу в скит, там спокойно. А о самом буду хлопотать. Казна есть. Собери Катю да вот ее!.. — отрывисто ответил Грудкин и поднялся с пола, на котором еще лежала Ирина Петровна.

Полчаса спустя, тот же обоз выехал опять из ворот дома Пряхова. Вместо хозяина в кибитке сидел Грудкин, на задней скамейке во весь рост лежала Ирина Петровна. Телеги и повозки свернули вдоль Волхова направо и поехали ко Пскову, где по дороге в дремучем лесу приютился обширный скит старца Еремеича.

XX

ВРАЗБРОД

Октябрь подходил к концу. Царь Петр отписал все письма, сделал необходимые распоряжения и стал собираться в отъезд немешкотно, как он всегда делал. Сам он ехал в Москву, где его ожидала торжественная встреча, а оттуда в Воронеж, где шла спешная постройка кораблей.

— А по весне снова сюда, чтобы вся Нева до моря нашей была! — повторял он с твердостью решительного человека, и все понимали, что от этого решения он не отступится.

— А ты тут Якова с Матусовым торопи, — сказал Петр Меншикову, — времени-то не ах как много нам отмерено!

— На этих днях и пойдут, — ответил Меншиков.

Везде происходили сборы в дорогу, сам же Меншиков заботливо готовился к тому, как бы поудобнее перезимовать в незнакомом ему суровом краю. Обо всем надо было подумать, и он думал и хлопотал, любя удобства жизни и веселье.

Первыми из вновь завоеванной крепости выехали Багреев с Савеловым. Последний едва дождался утра, как стал уже торопить приятеля ехать.

Багреев засмеялся.

— Ехать? Это всегда успеем. Надо сперва взять инструкции от графа и господина коменданта. Тьфу! — отплюнулся он, — вот в фавор сколь примечательно попал!

— Ты потише! — остановил его Фатеев, — персона важная.

Багреев махнул рукой, подтянул шарф, взял треуголку, сказал Савелову: "Готовься!" — поспешно вышел и направился к Шереметеву.

Тот жил в одном домике вместе с Глебовым. У дверей стояли часовые. Они со звоном отдали салют Багрееву и снова замерли в неподвижных позах.

Багреев вошел в просторную горницу и застал Шереметева в обществе Глебова, командиров Вейса и Брюса, а также Апраксина. Они сидели в непринужденных позах и пили горячий пунш, лениво перебрасываясь словами. В этих мирно беседующих людях никто не узнал бы в данную минуту "птенцов гнезда Петрова", с неустрашимостью и военным искусством побивавших заносчивых шведов.

Багреев вошел и вытянулся.

— Ба! Николашка! — воскликнул Шереметев. — Уже готов?

— Так точно. Согласно вашему приказу!

— Благодарю. Сейчас цидулу тебе передам. — Шереметев стал шарить по столу в груде разных бумаг и в то же время сказал Апраксину: — Алексашу порадовать захотел и положил презентовать ему мою магдебургскую полонянку. Авантажная и презентабельная девица. У Алексаши глаза разгорелись. Теперь сего молодца за ней в Новгород посылаю!

— Смотри, кажется, посылаешь козла за капустой! — засмеялся Глебов.

Его смех подхватили все, а Багреев покраснел, как обшлаг рукава.

— Небось, он знает, с кем тогда ему ведаться придется, — смеясь ответил Шереметев и, найдя пакет, протянул его Багрееву. — Вот тебе цидула. Как соберется она, сейчас же, немешкотно, в возок и сюда. Да смотри, — погрозил он, — не точи с ней лясы, а то!..

Багреев щелкнул каблуками, лихо повернулся и вышел из горницы.

— Вот не было печали! — проворчал он и двинулся к комендантскому дому. На крыльце он столкнулся с Фатеевым и спросил того: — Ты куда?

— Я? К царю! — широко улыбаясь, ответил Фатеев. — А ты?

— К бомбардиру-поручику! Здесь он?

— Надо было! Иди направо и скажи там солдату.

Фатеев крепко поцеловал Багреева и быстро прошел в дверь налево.

Багреев не без зависти поглядел ему вслед.

"Вот я и сам в царских денщиках значусь, а никогда не был с ним в такой короткости! — подумал он. — А все потому, что в грамоте плох!" — он вздохнул.

— Тебе кого? — окликнул его звонкий голос, и Багреев увидел всегда веселого Меншикова.

В Преображенском мундире, осыпанный пудрой, Ментиков остановился перед посетителем, держа в руках бутылки вина и бокалы.

— До твоей чести! — вытянувшись ответил Багреев. — Его сиятельство граф Шереметев посылает меня в Новгород.

Меншиков быстро закивал головой и перебил гостя:

— А, за красоткой из Магдебурга! Хорошо, хорошо! Я тебе, молодец, за это хороший прогит[13] дам! Только довези ее в целости, шельмец! — погрозил он. Багреев снова покраснел, а Меншиков поставил бутылки на пол и, положив руку на плечо молодого воина, заговорил: — И коней гони вовсю! Здесь скоро все уедут, а я один, как волк в берлоге. Торопись, милый, а я в долгу не останусь! На тебе! — и он полез в карман.

— Алексашка! — раздался в это мгновение звонкий окрик царя.

— Ну, после... когда вернешься! Расставь на столе сулеи-то! — сказал Меншиков, метнувшись, как заяц, и бросился бегом на зов.

Багреев поставил бутылки и бокалы на стол и вышел.

На душе его было тоскливо. Он помнил красавицу-пленницу, и ему больно было, что один дарит ее, как закуренную трубку, а другой ждет ее, как свою рабыню. Полюби ее он, Багреев, пришлось бы ему только терзаться муками зависти.

А образ ее, как назло, оживал перед ним и дразнил его своей свежестью, силой и красотой.

— Ну, что? Готов? — нервно спросил его Савелов.

— Едем!

Савелов даже подпрыгнул, а потом бросился обнимать Матусова и Якова, прощаясь с ними.

— Так не забудь: Софья Грудкина! Скажи, что помню ее! — тихо сказал ему Яков.

— Не забуду!

Савелов поцеловал еще раз Матусова и Якова и нетерпеливо рванулся к двери.

Он и Багреев вышли на берег, на котором раскинулись палатки солдат, и позвали баркас, а затем, держа в поводу коней, тихо поплыли на другой берег, откуда решили ехать частью водой, частью сушей.

Савелов мысленно целовал свою Катю и просил ее руки у стариков Пряховых. Багреев думал о том, как трудно ему быть холодным и сдержанным с красавицей, ставшей внезапно на его дороге.

— Пойдем и мы, — сказал Яков Матусову, когда уехавшие товарищи скрылись с их глаз.

— Что же, я готов! — равнодушно ответил Матусов.

— Мы ведь не так, — засмеялся Яков, — мы — чухнами. Пойдем, я все приготовил!

---

[13] Награду.

Он привел Матусова домой и, разложив перед ним его костюм, стал быстро переодеваться, указывая приятелю, как и что надо надевать.

Через полчаса они были неузнаваемы. Сермяжные порты скрылись под грубыми, желтой недубленой кожи, огромными сапогами, на плечах висел серого сукна армяк, поверх которого был надет полушубок, туго обвязанный шарфом, а на голове оказались лохматые овчинные треухи.

— Думаю, мы с тобой и без пистолей справимся, — смеясь сказал Яков, — на-ко тебе палочку да нож; без ножа нельзя! — Он подал тяжелую дубину с кованым наконечником и широкий нож, который Матусов спрятал под тулупом. — Теперь по торбе на плечи и гайда! — Яков повесил себе на плечи огромный мешок, набитый вяленой рыбой, мясом и сухарями, и дал такой же Матусову. — А теперь и в дорогу!

— К брату зайдем! — тихо сказал Матусов.

— Зайдем! — согласился Яков.

Они вышли из дома и прошли на песчаный берег. Шумный лагерь был на другой стороне, здесь же было тихо и вокруг насыпанных могил только выл и рвал осенний ветер, да с сердитым плеском билась в берег мутная, серая волна.

— Эх, брат, брат! — глухо заговорил Матусов, опускаясь на могилу. — Не довелось нам через всю жизнь пройти! Степушка родной! Степуш... — он захлебнулся в слезах и прильнул богатырской грудью к могильному кургану.

Яков отошел в сторону и отер невольно выступившие слезы.

Матусов выл и стонал, и ему вторил холодный осенний ветер.

Наконец молодой сержант смолк, вытер лицо, встал и выпрямился.

— Идем! — сказал он, встряхивая на спине мешок.

— Пошли! — отозвался Яков и прибавил: — Так-то лучше!

Как и Багреев, они сели на баркас и поплыли на другую сторону.

— Кто вы? — допытывался солдат-перевозчик.

— Царские слуги, — ответил Яков, и больше солдат ничего не мог от него добиться.

— Черти какие-то, право! — пробормотал он, гребя назад, а Матусов с Яковом шагали вдоль берега, держа путь к Спасскому.

Шлиссельбург и окрестности пустели. Отошел Апраксин со своим войском, потянулся Брюс, Гулиц, Вейс; за ними во Псков — на прежнюю стоянку — тронулся Шереметев. Наконец выступил сам царь Петр со своими ротами преображенцев и семеновцев, с отрядом лихих башкир и своими денщиками. Он ехал в Москву, где ждала его торжественная встреча, сочиненная Ромодановским.

— Береги пуще глаза сию фортецию, Алексаша! — сказал царь Меншикову, садясь на баркас и крепко целуя своего любимца.

Меншиков сморгнул слезу.

— О чем говоришь! — сказал он с солдатской простотой.

— К слову. А мы к тебе будем по весне и знатное сделаем возлияние Бахусу! — и Петр, сойдя на баркас, махнул.

Гребцы легли на весла — и лодка двинулась. Царь махал любимцу Меншикову шляпой, и рядом с ним слабой, бледной рукой делал приветственные жесты и царевич Алексей. Великан отец и бледный, худенький отрок отдалялись от берега, и расстояние словно равняло их. На берегу одиноко стоял Меншиков, первый комендант крепости Шлиссельбург. Ноябрьский ветер рвал на нем камзол, трепал волосы и выл, словно правил тризну по убитым воинам.

— Добро! — тихо сказал Меншиков, — перезимуем тут! Какова-то будет шереметевская красотка?

XXI

В СКИТЕ

Словно как в сказке: что-то постороннее, нелепое, сильное, как Змей Горыныч, ворвалось в жизнь и сломило, и раздробило недавнее счастье. И вот ехали Пряховы из теплого гнезда дремучим лесом, ехали быстро, торопливо. Ничего, что возок встряхивало на узловатых корнях, гигантскими змеями протянувшихся через просеку; ничего, что от этого колыхалась полубесчувственная Ирина Петровна. Грудкин только сдвигал густые брови и говорил:

— Это что за встряска! Вот — избави Господи — какую встряску дадут Василию Агафоновичу! Эх, тоже старый человек!..

Катя прижалась к Соне и вся дрожала; слезы уже не лились из ее глаз.

Время шло; стал надвигаться ранний вечер, и в дремучем

лесу становилось темнее и темнее. Страшно было выглянуть за занавеску. Лохматые ели казались огромными чудовищами, к самому возку тянувшими свои косматые, колючие лапы, вековые сосны — страшными великанами, а кусты — карликами, выходящими из-под земли. Чудились и ведьма, и злыдни. А ко всему еще в сучьях гудел и свистел ветер и деревья страшно шатались и скрипели. Где-то завыл волк; где-то страшным хохотом залился филин.

"Мать Пресвятая Богородица, помилуй нас!" — с дрожью шептала про себя Катя.

Дрожала и Софья, а в совершенной темноте закрытого возка гудел теперь голос Грудкина:

— Старик до седых волос дожил, а того не знает, что нынче все за грош продается! Прощелыга встретился; ты ему все — "на, дядя!" — а он тебя за хлеб, за соль, за два алтына продаст! Ныне все продается! Сам других берег, а тут — на! Истинно, ежели Бог наказать захочет, то разум отнимет. Узнаешь теперь слуг антихристовых!..

От этих слов Катя дрожала еще сильнее.

Вдруг в темноте возок остановился. Слышны были окрики правящих лошадей да тяжелое хрипенье коней.

Грудкин тотчас вылез из возка.

— Господи Иисусе Христе! — послышался его сильный голос. — Матерь Божья! — раздался в темноте снова его голос, и следом за этим он произнес — Грудкин! Раб Божий Петр! Ну, ну!

Прошли минуты ожидания. Затем загремели словно бы затворы, заскрипели словно бы ворота; возок колыхнулся с бока на бок и двинулся вперед, после чего вдруг остановился. Затем отпахнулась занавеска и показался Грудкин.

— Выходите, что ли! — сказал он девушкам, — матушку тут молодцы вынесут! — ласково прибавил он Кате.

Она с детства знала его, с детства привыкла любить и уважать и тотчас послушно и доверчиво вышла из возка вместе с Софьей на широкий двор подле крепкого, высокого дома с резным крыльцом. На дворе суетились люди с дымящимися факелами в руках. Одни выпрягали и уводили коней, другие уносили куда-то поклажу.

Кругом слышались возгласы: "Господи Иисусе Христе! Мать Пресвятая Богородица!" — и тут же: "Антихристовы дети!"

Двое рослых мужчин вошли в возок и бережно вытащили оттуда недвижную Ирину Петровну.

— Сюда, сюда! — сказал им Грудкин и, прибавив дочери и Кате: — Идем! — повел их вокруг дома.

Впереди несли Ирину Петровну, за ней шел Грудкин, а за ним — Катя и Софья, крепко держа друг друга за руки.

Свет факела в руках провожавшего их мужика красным отблеском озарял на минуту окружающие предметы, после чего становилось вокруг еще темнее.

Осветились резные окна и высокие деревья; мелькнул длинный шест журавля у колодца. Наконец все остановились у крепкого приземистого домика из толстых бревен, с крошечными оконцами, и через низкую дверь, которую отпер Грудкин, вошли в темные сени.

— Запали светец! — сказал Грудкин.

Человек с факелом мелькнул впереди. Все вошли в просторную горницу, из нее в другую, и там Ирину Петровну тотчас положили на широкую скамью, прикрытую пышной периной и шитым ковром. В углу светил каганец, тускло мерцая.

Мужчины, внесшие Ирину Петровну, и мужик с факелом поясно поклонились и вышли. Грудкин остался с двумя девушками и сказал:

— Ну, слава Создателю, теперь антихристовы слуги пусть хоть сто лет ищут вас, не сыщут И уберегут тут вас, и защитят от охальников. Ирина Петровна тут будет лежать, к ней будет женщина приставлена, а для вас иная горенка, там! — и он указал на двери, — а эта, — указал он на большую, — когда посидеть захотите, или я приду. Теперь подождите малость, я скоро вернусь, — и он ушел.

Девушки остались одни подле хрипящей Ирины Петровны. Она открыла один глаз и смотрела им с такой кротостью перед собой, словно молилась.

— Где мы? — спросила Катя.

— Не знаю, — тихо ответила Софья. — Батюшка обмолвился: в скит, говорит, к Еремеичу, а что это, мне неведомо!.. Тсс...

В сенях хлопнула дверь, послышались шаги, и в горницу вошло несколько молодых, красивых женщин в посконных сарафанах и белых холщовых платках. Они все по очереди подошли к девушкам и поцеловали их трижды, говоря:

— Господи Иисусе Христе! Во имя Отца и Сына, и Святого Духа! Здравствуйте!

— Авдотья, Лизавета, Ольга, Матрена, Марья, Степанида... Девушки отвечали на поцелуи и не слышали их имен.

— Вот они все вам сделают и во всем пособят, — сказал Грудкин, — а я уйду теперь до утра. Господь с вами!

Он перекрестил дочь и Катю двуперстным знамением,

поцеловал и, покрестив неподвижную Ирину Петровну, тихо вышел.

— Сюда, сестрицы! — ласково сказала одна из женщин, указывая на большую горницу.

Катя и Софья послушно вышли.

В углу под образами на столе, покрытом чистой скатертью, стояли миски, тарелки и кувшин, из которого клубился ароматный пар имбирного сбитня. Девушки почувствовали голод; они не ели с самого утра и теперь послушно сели за стол. Две женщины стали любовно угощать их; другие две остались у Ирины Петровны, а еще две — в соседней горенке и готовили постели.

Катя и Софья жадно поели холодной ухи, подовых пирогов, рыбного кулеша и наконец стали пить сбитень. Женщины, постлавшие постели, вернулись и сели за стол. Все любовно и ласково глядели на Катю с Софьей, и потом одна из них стала осторожно расспрашивать их. Катя молчала, и на вопросы отвечала Софья. Она рассказала все, что случилось с ними.

— Ах, они, антихристовы души! — с негодованием проговорила одна из женщин.

— А вы ехали-то для чего? — спросила другая.

Софья рассказала и это.

— Так, так! У нас Василия Агафоновича всякий за благодетеля почитает! — проговорила третья. — Ну, вот довелось нам его дочке послужить. Мы все рады...

— А вы кто? — спросила уже оправившаяся Катя.

— Мы-то? — в один голос ответили женщины. — Христовы невесты, девушка! Такой зарок дали, что только Христос — жених наш. С Ним, когда иссякнет жизнь наша, в Его чертоге встретимся...

И на их лицах отразилась суровая торжественность; словно светились изнутри их лица.

Но через минуту они снова обратились в милых девушек, готовых на тесную дружбу, и уже весело стали передавать все, что было интересного в их жизни. Живут все они посреди дремучего леса, в огромном ските, над которым главное начальство имеют Еремеич и богородица.

— Какая богородица? — изумленно спросили девушки.

— Одна из нас, — ответила Степанида, — сподобилась! Было ей видение.

— Называем ее так и молимся, — пояснила Матрена, — потому через нее благодать идет на всех.

— Красивая, — заметила Ольга, — строгая из себя, высокая. Да вот вы все потом увидите...

В их ските и мужчины, и женщины; женщин мало, девушки больше. Человек, надо полагать, за сто будет, а то и больше. И живут все вместе, спасаются.

Катя и Софья покраснели при мысли о таком непригожестве.

— Мужчины-то больше потерпевшие, — пояснила одна из скитниц.

— Какие?

— Потерпевшие, — стала объяснять Матрена. — Иные в антихристовых полчищах служить не хотели, так убегали. Иные, бороды лишившись, отрастить ее здесь восхотели, иные от печали антихристовой. Царь-то, — шепотом заговорила Матрена, — до всего доберется. Слышь, сам он — антихрист и с хвостом. Хвост-то прячет. Для того и бороду стрижет у всех и печатает, и в войско свое берет, а святому человеку всякое измывательство. Ну, и спасаются.

Действительно, в царствование Петра, этого могучего реформатора русской общественной жизни, когда он богатырской рукой с нечеловеческой энергией ломал старые устои, — число спасавшихся от всяких новшеств было огромно, велико. Темный, невежественный ум держался за каждую мелочь внешности, как за завет отцов и дедов, и боялся неминуемой кары за нарушение их; а заветы эти были в том, что мужчины носили бороды и долгополые кафтаны, чурались табака, не якшались с иноземцами и не скоромились в пятницу, а по субботам мылись в бане.

Брожением умов воспользовались старообрядцы, к тому времени образовавшие десятки сект: и бегунов, и хлыстов, и беспоповцев, и прыгунов, и радельников, и всяких иных.

Все они принимали к себе всякий недовольный элемент — и беглого солдата, и беглого мужика, и спасшегося из острога разбойника, и просто суеверного дурня, боявшегося потерять бороду или спасавшегося от солдатчины.

Петр был беспощаден к таким отступникам, сознавая, что в его время тьма сильнее света и с нею надо бороться круто и свирепо. Преследование таких скопищ обратилось как бы в гонение. Исступленные изуверы, избегая наказаний, предпочитали сжигать себя живьем, и по Руси то там, то здесь горели эти живые факелы, целые костры с десятками безумных людей. Но эти безумцы, принимая мученическую смерть, окружали себя ореолом, и свет их костров как бы маяком светил и другим, и третьим.

Еремеич был одним из самых заклятых врагов царя Петра; от твердо верил в антихристово начало всех реформ преобразователя и ненавидел все, что только говорило о новом времени. Еще при царе Алексее он был горячим приверженцем безумного Аввакума[14], а потом вместе с Юдиным при Софье ходил к Хованскому[15], вместе с Никитой Пустосвятом[16] неистовствовал на площади и, наконец, тайно ходил в терем царевны Софьи до тех пор, пока не заточил ее в монастырь ее могучий брат Петр, этот антихрист.

Стар был Еремеич, но крепок духом и телом. Его аскетическое лицо все пылало, глаза метали стрелами, когда он говорил о старом времени, вспоминая стрелецкие бунты и затем страшную расправу Петра со стрельцами. И немудрено, если к этому Еремеичу шли, как к пророку, и возле него вырос среди дремучего леса богатый скит, полный всякого добра и удобств.

Девушки долго говорили с Катей и Софьей, пока у тех не начали от усталости клониться головы, и наконец ушли, кроме Ольги и Матрены, которые по очереди должны были дежурить при больной Ирине Петровне. Катя и Софья удалились в чистую горенку с двумя постелями и легли спать. Молодость победила, и, несмотря на пережитое, Катя, едва прислонившись головой к подушке, тотчас уснула. Софья подумала о Якове и тоже заснула, шепча в полусне ласковые речи своему соколу.

А тем временем Грудкин в маленькой горенке, стены которой сплошь были завешаны образами старого письма да шитыми полотенцами, горячо разговаривал с Еремеичем и красивой молодой женщиной о делах своего хозяина и друга.

[14] Аввакум Петрович, протопоп города Юрьева Поволжского, был самым упорным расколоучителем XVII в Преданный суду вселенских патриархов, он был проклят и сослан в Пустозерск, где провел пятнадцать лет в деревянном срубе, врытом в землю, но, так как это не сломило его упорства, то в 1582 г. он был сожжен на костре.
[15] Один из стрелецких голов, горячо защищавший сторонников раскола, казненный как мятежник.
[16] Суздальский поп Никита Пустосвят, пользовавшийся сильным влиянием среди стрельцов, был одним из самых неистовых приверженцев Аввакума.

XXII

УГОВОР

В просторной светлице, увешанной шитыми полотенцами да образами старинного письма, в красном углу сидела высокая, дородная, красивая женщина. Ее строгое лицо выражало безмятежное спокойствие. Она сидела, сложив на коленях белые, пухлые руки и слушала, что говорил Грудкин.

У другого конца стола сидел Грудкин, а на скамье — ближе к женщине — сам Еремеич. Сухой, костлявый, с поднятыми острыми плечами, в суконной скуфейке, с желтым, восковым лицом и маленькой се127седенькой бородкой — он производил впечатление аскета. Тонкие бескровные губы выдавали жестокость его сердца, узкий лоб свидетельствовал о недалеком уме, но в серых глазах под седыми нависшими бровями светилось столько энергии и жизни, что сразу было понятно, что за каждую мелочь, которую этот старик сочтет своим убеждением, он не побоится никакой муки.

Грудкин говорил долго и наконец закончил следующим:

— Теперь и рассуди: не иначе, как погибель Василию Агафоновичу. Время ныне такое...

— О-ох, Господи Иисусе Христе! — протяжно вздохнул Еремеич, — истину глаголют уста твои — время дикое! Как явился этот Никон-злодей и мучили голубя Аввакума, и голубицу, невинную боярыню[17], думали: народился антихрист и горше того не будет. Как потом рубили головы Хованским и сама матушка Софья стрельцов казнила, думали: ох, горькие времена! А потом пришел и сам... тьфу, Господи Иисусе, прости мя, грешного!.. антихрист. Истинно — кровью Москва залилась. Братьев наших он вокруг всей матушки белокаменной понавешал; Кикина — на кол; иным сам головы рубил, иных сам на колесе поворачивал. Господи Иисусе, что было! Словно день судный. Наперсники его — дьяволята Ромодановский да Меншиков, — что делали! Думали: ну, хуже такого быть не может, а вот и вышло! — Еремеич вздохнул — Куда ни глянь, позор и поношение! Гонят нас, бьют, пыткам и мукам предают.

— Стой, Еремеич! — прервал его речь Грудкин, — все это мы знаем. В худое время живем. А вот надо мне хозяина вызволить. Научи, как?..

---

[17] Боярыню Морозову, горячую последовательницу расколоучения.

— А ты сам махонький, что ли? — тихо заговорила молчавшая до сих пор женщина — Метет он по Руси метлами, а метлы-то нешто чистые? Все в грязи да мусоре...

— Ты к чему это? — не поняв, спросил Грудкин.

Женщина покачала головой.

— К тому, что и наш воевода — такая же метла, лиходей и мздоимец. Иди к нему и начинай торг; поторгуйся и выкупи — вот и все.

— Вестимо, друже, — сказал и Еремеич, — они на деньгу, ух, как падки. Тот-то коноводит, а этим псам только бы нажить из нашего горя да сиротских слез. Иди к воеводе да мошной тряси, он и подастся...

— А ему ничего не было еще? — спросила женщина.

— Нет; я Лешку посылал. Говорят, только в железа заковали...

— Завтра утром, и спеши! — посоветовала женщина.

— Ну, Господь с тобой! — сказал Еремеич вздыхая, — помолюсь за благодетеля нашего, порадею Господу, да и отдохну малость...

Грудкин встал и наклонил перед ним голову.

— Ну, во имя Отца и Сына, и Духа Свята! Господь с тобой и Богородица! — и Еремеич, благословив Грудкина и поцеловавшись с женщиной, кряхтя вышел из горницы в свою маленькую каморку.

— А как твои устроились? — спросила женщина.

— Да очень хорошо. Беда только, хозяйка занедужилась. Упаси Бог, помрет. Что я с сиротою?

— Ну, здесь поживешь, а там она со своей казной и муженька сыщет. Дело недолгое...

Грудкин только покрутил головой.

— Надо же было такое неразумное ляпнуть! — уныло сказал он. — Ну, я пойду!

— Иди, Господь с тобою! — и женщина, встав, трижды поцеловалась с Грудкиным.

Когда тот ушел, молодая женщина словно преобразилась. Ее строгое лицо вдруг оживилось, глаза загорелись, на устах появилась улыбка. Она встала и, открыв занавеску у своего окна, отошла к дверям. Спустя несколько минут, послышались осторожные шаги. Женщина вернулась к окошку и задернула занавеску; в это мгновение дверь открылась и на ее пороге показался рослый, красивый парень. Женщина обернулась и радостная пошла к нему навстречу.

— Федя, наконец-то! — тихо проговорила она, протягивая к нему руки.

Он жарко обнял ее.

— Я думал, и не дождуся! — сказал он, страстно целуя женщину.

Она тихо засмеялась.

— Сам знаешь, дело какое стряслось! Ну, я в советчицах. Садись, сокол, сюда садись! Все улеглись, одни мы... Ах, и хорошо мне с тобою! — Женщина посадила парня на лавку и прижалась к его плечу. — Вот ведь чудеса, — заговорила она, — жила я в тихости, в святости, благодати сподобилась, всему скиту голова и начало — кажись, живи. А увидела тебя, Федя, и без тебя свет не мил. Увидит Еремеич, живыми спалит, а мне хоть бы что, пусть!

Она без умолку говорила тихие речи парню, а тот слушал ее и с восторженной улыбкой думал о недавнем прошлом.

Смел ли он даже мечтать о ней! И вышло все чудно как-то. Думал он, от любви сгорая, бежать из скита, боялся ей в очи взглянуть и вдруг однажды на радении в темноте кромешной слышит, шепчет она ему на ухо: "Приди ко мне"... Словно сон. А теперь они знают, что не быть им в живых, если кто-либо дознается об их тайне, но только крепче и жарче от этого страха их взаимная любовь. Иногда лишь они тихо говорят друг другу: "Убежать бы", — да тотчас только грустно улыбаются на ответ. Куда бежать? Кругом лес дремучий. Нагонят, схватят и... замучают. Нет, лучше уже на судьбу положиться. Пусть будет, что будет, а теперь ночь да их...

Грудкин долго ворочался на жесткой скамейке в своей тесной горнице и, едва стал бледнеть небосклон, вышел на двор и приказал запрячь в повозку коня. Через полчаса он уже ехал в Новгород.

Пряхов томился в "яме". Серая, вонючая, почти буквально яма, тюремная келья была тесна и темна. Пряхов лежал на соломе, скованный железными цепями, и угрюмо думал, что же это за несчастье так внезапно стряслось над ним? Был он богат, спокоен, в общем почете и вдруг за одно глупое слово, за подлый донос какого-то бродяги очутился в тюрьме... да еще — спасибо воеводе — а то бы висел и на дыбе. А что дальше будет? Неужели царь знает про эти дела, да еще сам наказывает так делать? Не может быть этого! Пусть он и табачник, пусть нехристь иноземный, да такое дело ни с чем не складывается.

Василий Агафонович опустил голову на облокоченные руки и задумался о жене и детях. Неужели и для них из-за его слов нищета и гонения?

— Скажи воеводе, что Петр Грудкин хочет повидать его, — сказал Грудкин, входя на воеводский двор.

Холоп принял от него коня и телегу, а другой бегом побежал в хоромы.

Грудкин пошел на крыльцо, сняв шапку.

— Пожалуй! — крикнул ему холоп из сеней.

Грудкин сбросил ему свой охабень, миновал сени и вошел в горницу, где за столом под образами сидел воевода. Перед ним стоял жбан имбирного меда и ворохом лежали оладьи. Грудкин помолился на образа и поклонился воеводе.

— Здрав буди, воевода!

— Здравствуй, здравствуй, добрый молодец! — прохрипел воевода. — Чай, о хозяине стосковался? — спросил он не без лукавства и погладил бороду.

Грудкину он показался разбойником — большой, пузатый, в желтой шелковой рубахе с расстегнутым воротом, с красным, как у пьяницы, лицом, с рыжею бородою и носом грушей.

Грудкин поклонился еще раз.

— Истину, государь, сказал. Покоя нет...

— Ну, ну, в том тебе честь. Да ты садись, в ногах правды нет! — прибавил воевода, а когда Грудкин сел, то, отпив из ковша, продолжал: — Я твоего Василия Агафоныча пожалел. Должен был хоть одну виску[18] сделать, да думаю, Бог с ним! Вместе бражничали на пирах, негоже. Там, на Москве, все сделают.

Грудкин вздрогнул и пробормотал:

— Как?.. В Москве?.. Зачем в Москве?

— Зачем? — повторил воевода. — У нас на то указ есть: все до царя касающиеся дела в Москву направлять, самого вора, его доказчика и все описать, что про то дело ведомо. Татебное али разбойное дело я вершу, а царевы все в Москве. Прямо в Преображенский приказ... в нем рассудят.

— Смилуйся, — воскликнул Грудкин, — ведь там загубят хозяина.

— Вестимо, — сказал воевода, — да я-то что же могу? Я — человек подневольный! — и он развел руками.

Грудкин вздохнул, а затем тихо проговорил:

— Казны-то, казны у хозяина! Неужели она ни к чему?

Воевода словно встрепенулся.

— Эх, парень! Прости, не знаю, как величать тебя...

— Петр.

— Эх, Петр! Я вот твоего хозяина всей душой люблю и зато царский наказ преступаю: ни ему виски, ни ему батогов.

---

[18] Подвесить на дыбу.

Преступаю, а ответ — ох, какой держать могу за это! А теперь сам суди, как его в Москву не отправить?

Наступило молчание.

— У нас мошна, у тебя голова, воевода! — сказал Грудкин.

— Так-то оно так, — задумчиво проговорил воевода и вдруг оживился: — Ну, ин! Вот что я для твоего хозяина надумал. Слушай, придвинься ближе!

Грудкин придвинулся, и воевода стал торопливо шептать ему сиплым голосом, время от времени пристукивая по столу волосатым кулачищем.

По мере того как он говорил, лицо Грудкина прояснялось. Он все оживленнее кивал головой и наконец радостно вскочил с лавки и низко поклонился воеводе.

— Все понял! А как тебя благодарить за то, воевода?

— Меня-то? — добродушно ответил тот. — Ну, это сам Василий Агафонович тебе скажет Иди же!

Грудкин поклонился еще раз.

— Сегодня вечером? — спросил он.

— Да! — ответил воевода.

Грудкин поклонился чуть не до земли и радостный выбежал на двор. Воевода поглядел ему вслед и тихо засмеялся: "Всем хорошо будет!"

Грудкин въехал на городской двор дома Пряхова, распорядился хозяйством и погнал коня в лес, к скиту.

Вечером он опять сидел с Еремеичем и женщиной. На этот раз они совещались долго и оживленно.

— Вот видишь, как ладно все вышло! — сказала женщина.

— Ладно, да не совсем, — заметил Еремеич.

— Ну, там видно будет! — возразил Грудкин, — а пока слава Богу!

XXIII

ДОНОСЧИКУ ПЕРВЫЙ КНУТ

Воевода оправился, ухмыльнулся и, позвав холопа, приказал подать ему кафтан, посох да шапку, причем добавил:

— Да покличь ко мне дьяка! Наверно, он в приказе!

Холоп помог облачиться боярину и потом бегом пустился за дьяком.

Пока воевода застегивал ворот да петли на кафтане, холоп уже обернулся и впустил в горницу маленького толстяка с бритой бородой и плутовскими глазами навыкате. Сизый нос обличал в нем склонность к выпивке, сиплый голос — недавнее угощение.

— Звал, боярин? Много лет тебе здравствовать!

— Здравствуй, Кузьмич! — ответил воевода. — А звал я тебя вот для чего. Напиши отписочку, с коей мы этого Пряхова с Агафошкою вместе в Москву пошлем.

— А сыск, боярин?

— А ну его, Кузьмич! Сыска с него делать не будем. Сыщем с этого Агафошки, и все. Оно и по правилу: доносчику — первый кнут. А теперь пойдем, что ли! Да ты не куксись — и тебе перепадет, не бойся!

— Я и то мерекаю, боярин. С чего нам аршинника особливо беречь? Ну, а коли так — иное выходит дело! — и дьяк сипло засмеялся.

— Ну, то-то и есть, — сказал боярин, — идем!

Они вошли в приказ, а оттуда в застенок и сели за стол. Заплечный мастер со своими молодцами низко поклонился воеводе.

— Агафошка тут? — спросил боярин.

— У нас, боярин!

— Ну, и его волоките, — сказал боярин, — а после него татей да бабку-ведьму. Ну!

Молодцы зашлепали босыми ногами и через пять минут приволокли в сарай Агафошку. Тот вырвался из их рук и бросился на колени перед воеводою.

— Государь, боярин, милостивец, — завопил он, — доколе терзать меня и предавать мукам!

— Встань, встань, — сердито закричал воевода, — чего воешь? По обычаю сыск делаю. Может, у тебя на Пряхова месть какая... Эй, кобылку!..

— Милостивец! — закричал Агафошка, но в тот же миг один из молодцов ловко ухватил его за руки и одним махом положил себе на спину, притянув его руки.

Палач взял в руки плеть.

— Ну, засыпь ему десять! — добродушно сказал воевода.

— Ой! — заорал Агафошка, но в тот же миг раздался всплеск удара.

— Так, так, по-дедовскому: доносчику первый кнут! — говорил воевода и, подав знак палачу, сказал: — Ну, теперь показывай все чередом, как и что.

Агафошка начал снова свой донос.

— Стой! — закричал дьяк, — сначала ты сказывал: "Государю, кроме табачников, никого не надоть", а ныне говоришь: "Царю, мол, только табачники и надобны". Путаешь!

— Дай еще десять, — сказал воевода.

— Ой, милостивцы! Ой, светы! Господи Иисусе! — заорал Агафошка.

— Как же говорил? — допытывался дьяк.

— Помню только табачников поминал! Ой! Ой!

— Ну-ка еще! — сказал дьяк.

— Будет! — заметил воевода, — отпусти его!

Помощник палача сбросил Агафошку с плеч, и тот, как куль, хлопнулся наземь.

— Слышь, ты, — сказал ему воевода, — тебя сегодня вместе с Пряховым в Москву отправлю. Там, гляди, все упомни. Не растряси дорогой! Уберите его. А теперь татей!..

Агафошку убрали и на его место втащили двух разбойников, закованных в тяжелые железа. Начался страшный допрос с пыткой огнем и железом. Разбойников сменила старуха, обвиняемая в колдовстве.

Наконец утомленный воевода ушел в приказную избу и приказал привести Пряхова.

— Ну, Василий Агафоныч, — сказал он купцу, — не обессудь! Что мог сделать — сделал. Не стегнул тебя ни раза даже, а больше не могу...

— Твоя власть, — глухо произнес Пряхов.

— Не то! — остановил его воевода. — Я и теперь тебя не трону, а по указу должен в Москву послать. Сегодня ночью и тронешься. Дам телегу, двух солдат по наряду да Агафошку — и с Богом!

Пряхов еще ниже опустил голову. Немало слыхал он рассказов про Ромодановского да Преображенский приказ[19] и понял, что теперь для него уже нет спасения.

Воеводе стало жалко его.

— Поди сюда, поди! — поманил он его пальцем и, когда Пряхов приблизился, сказал: — Ты не того... не кручинься! Ночи-то, вишь, темные да ненастные, а мои молодцы не ох что за молодцы! Чего не бывает!.. Так-то-с! — и он похлопал Пряхова по плечу.

Тот встрепенулся и с благодарностью взглянул на воеводу.

---

[19] Преображенский приказ был учрежден Петром Великим для заведования регулярным войском и табачным делом, но, когда во главе его стал боярин Ромодановский, его ведению были переданы дела о государственных преступлениях.

— Так-то-с! — добродушно засмеялся тот и вдруг сердито крикнул: — Уведите колодника!

Стояла темная осенняя ночь. Ни зги не было видно, и, гремя колесами, скрипя и качаясь, медленно тащилась по дороге грузная телега, в которой сидели Пряхов с Агафошкой и два солдата.

— Зачем ночью? Ночью зачем? — бормотал Агафошка, дрожа и ежась. — Я скажу в Москве! Я всем ужо, чертям...

— Молчи ты, скуфья! — крикнул солдат и ткнул его наугад кулаком.

— Шпыняться? Ну! Ну! Ай, это что!

В эту минуту раздался свист, и по бокам телеги словно выросли люди.

— Бросай ружья! Не то мы!.. — раздался окрик.

Наученные солдаты спрыгнули с телеги и бросилась бежать.

— Здесь Василий Агафонович? — спросил Пряхова знакомый голос.

— Петр! — радостно воскликнул Пряхов.

Агафошка быстро сообразил, в чем дело, и, юркнув с телеги, собрался убежать, но чьи-то руки крепко ухватили его за плечи и пригнули к земле.

— Едем, Василий Агафонович! — сказал Грудкин, — нечего время терять! — и Пряхов не заметил, как очутился в другой телеге и уже мчался среди непроглядной ночи.

А тем временем верные его слуги расправлялись с Агафошкою.

— Ну его, будет! — сказал наконец Ефрем и, ткнув еще раз служку, оставил лежащим в грязи на дороге.

В ските уже ждали Грудкина с дорогим гостем, так как Пряхов давал и деньги, и всякую снедь, и вещи на поддержание скита.

— Что мои-то? — спросил Пряхов. — Что дочка, жена?..

— После, потом, — ответил Грудкин и гнал лошадь, словно за ними погоня.

Наконец он въехал в растворенные ворота и повел Пряхова прямо к Еремеичу.

— Отец, благодетель! — сказал тот, обнимая Пряхова. — Истинно, что Даниил из пещеры со львами невредимым вышел! Садись, отдохни! Сейчас поесть принесем.

Пряхов опустился на лавку.

— Что же это? — сказал он. — Теперь я совсем татем стал... беглый!..

Горькая усмешка искривила его губы.

101

— Подожди! — ответил Грудкин, — беглый ты, хозяин, с согласия воеводы, а не то чтобы силком. Теперь, что дальше будет, все умом пораскинем, а сейчас будешь прятаться там, на печах, в светелке и всем своим делом вершить, а я, как и прежде, — слуга твой!

— Вестимо так, — отозвался и Еремеич, — там рассудим, а сейчас поешь и отдохни.

Пряхов качнул головой и встал.

— Не обессудь, я есть не буду... к своим пойду! Проводи, Петр! — сказал он Грудкину и решительно простился с Еремеичем.

Тот благословил его, и они вышли.

По дороге Грудкин сказал хозяину про болезнь Ирины Петровны. Пряхов приостановился и глухо произнес:

— Господи Иисусе! Да будет воля Твоя!

Когда они вошли в дом, он тихо прошел к больной жене и сел у ее изголовья. Она лежала недвижно и, видимо, спала. Девушки спали в своей горенке, и кругом была немая тишина. Грудкин осторожно вышел и закрыл дверь. Пряхов сидел, опустив на грудь голову.

"Что же за время такое? И впрямь антихристово! Подвернулся бродяжка, сделал оговор и вот все прахом пошло, как пыль рассеялось: и почет, и казна, и семья".

Он встряхнул головой и в ярости сжал кулаки.

На другое утро, едва в приказ вошел воевода, в избу с воем и криками ворвался Агафошка.

— Милостивец! — завопил он. — Убежал окаянный!., совершил насилие и измывательство и убег. Раба твоего, Агафошку, до полусмерти били.

— Кто убег? — спросил воевода, едва заметно улыбаясь.

— Он, поноситель царского имени, тать и разбойник! Пряхов-купец! Милостивец, что же я-то, сирота, делать буду?

— Пряхов? — закричал воевода, — Пряхов убег? Ах, ты, волчья сыть! А чего ты глядел? Эй!

В избу вбежали заплечные мастера.

— Возьмите его да всыпьте двадцать пять батогов, а потом взашей! Умеешь доносить, умей и до конца дойти! Чего же вы стали-то? Берите!

— Милостив... — завопил Агафошка, но его уже выволокли из избы.

Дьяк закрутил головою.

— Чего ты? — смеясь спросил воевода.

— А то, барин, что теперь этот песий сын непременно найдет этого купчину и тогда тому уже не открутиться будет.

— Ничего, — отозвался боярин, — мы свое сделали, а все, что потом, нам не в кошель! — и он засмеялся, на этот раз уже вместе с дьяком.

XXIV

НЕ В ТЮРЬМЕ, ДА В НЕВОЛЕ

Рано поутру белица Ольга, вместе с Матреной прислуживавшая Екатерине и Софье, осторожно вошла в девичью светелку и, приложив палец к губам, тихо подошла к лавке, на которой еще нежилась Екатерина.

Не хотелось девушке вставать в такое ненастное утро. Солнечный свет не мог пробиться сквозь нависшие темные тучи, и в полумраке монотонно стучал по тесовой крыше частый дождь да с плеском сливалась вода в широкие лужи. Увидев Ольгу, Катя встрепенулась.

— Тсс! — тихо сказала Ольга, нагибаясь к ней, — сегодня ночью твой батюшка приехал...

— Да? — радостно хотела вскрикнуть Катя, но Ольга тотчас остановила ее.

— Тсс... — зашипела она и еще таинственнее заговорила: — В ночь Петр Васильевич привез его. Ефрем сказывал, что от воеводских солдат отбили. В Москву его везли, да, вишь, наши его отбили, а теперь потаенно сюда привезли.

— Где же он?

— Надо быть, у Ирины Петровны. Мы ночью-то слышали будто шум, да побоялись. Нам строго наказано, чтобы зря не выбегать. Упаси Бог, ежели напасть какая...

— Чего же ты шепчешь, — сказала Катя, быстро вставая, — Соня, ты слышала?

— А? Что? — и Софья раскрыла глаза.

— Батюшка приехал! Петр привез его, слышь! Побегу к нему. Хоть в этом радость, что батюшка с нами! — и, наскоро надев сарафан и заплетя косу, Катя вышла из своей светелки, а затем босиком перешла в горенку больной матери.

Пряхов сидел на том же месте подле жены. Много горьких дум передумал он в эту ночь, глядя на недвижно лежащую Ирину Петровну. Вспомнил он, как вводил ее в свой дом в Спасском, вспомнил, как она родила ему Якова, потом Катю;

двадцать один год мирной, согласной жизни в почете и довольстве промелькнули, как сон, и вот теперь страх, болезнь и скорбь... скорбь без конца. Истинно та же история, что описана в Священном Писании про Иова Многострадального. Только тот повторял: "Ты дал, Ты и взял", — а вот он не может смириться. За что? Кому и что он сделал худого? Кого обидел, притеснил? Кажется, окромя доброго, ничего людям не делал. А вот заявился бродяга, подслушал неразумное слово, в гневе за сына сорвавшееся с уст, и все размело бурей. Пожалуй, еще хуже стало, нежели было. Теперь он в бегах. Найдут его — и не будет купца новгородского Пряхова. Позор и разорение.

А она, верная жена и подруга, словно поняла разом всю беду и вот: и живая, и неживая. Действительно, Ирина Петровна лежала на лавке навзничь, большая, толстая, как гора. Ее перекошенное лицо словно застыло; она, видимо, проснулась, и один ее глаз раскрылся и смотрел безучастным взором перед собою.

Пряхов нагнулся над ней, заглянул ей в лицо, взял за руку, назвал по имени, но она словно и не слыхала голоса мужа и лежала по-прежнему недвижно и безмолвно.

"Осиротел!" — с грустью подумал Пряхов и вдруг почувствовал горячие руки, обвившие его шею, горячие губы, целовавшие его глаза и щеки, горячие слезы на своем лице.

— Катюша! Доченька моя! — произнес Василий Агафонович прерывающимся голосом и, обняв дочь, зарыдал глухо, отрывисто.

— Ночь не спал, а теперь плачет! Что же это, хозяин? — раздался над ним голос Грудкина.

Пряхов, поцеловав дочь, отстранил- ее, вытер слезы, тихо улыбнулся и ласково ответил:

— Прости, друже! Духом я было ослаб, а теперь снова по-прежнему. На все воля Господа моего! — и он набожно перекрестился, а потом встал и поцеловался с Грудкиным. — Что скажешь?

— Да о многом нам поговорить надо...

— Ну, коли так, пойдем в мою горенку. Я еще и не был там с той поры, как вот с нею сюда приезжал, — и Пряхов, вздохнув, взглянул на жену, любовно перекрестил ее и вышел следом за Грудкиным.

Они прошли в сени, поднялись по лесенке и вошли в просторную, светлую комнату, убранную образами и полотенцами, с лавками, крытыми коврами, с резным столом и красивым поставцом.

— Ну, садись и давай разговаривать! — сказал Пряхов, садясь у стола.

Грудкин рассказал про все, что сделал со времени своего отъезда из Спасского, про торговлю, про служащих и после долгого, подробного отчета сказал:

— Теперь будем так делать: я перееду в город и там снова дела стану делать, а сюда ночью приезжать буду и тебе отчитываться. А там Бог даст...

Пряхов махнул рукой.

— Что Бог даст? — сказал он, — найдут меня, схватят и на Москву отправят, а там хвали Бога, если головы не снесут. Язык вырвут; руки, ноги выломают, животов лишат. Ох!..

— Грех говорить так, — остановил его Грудкин, — Бог не без милости. Мало ли что случиться может!..

— Ну, что там, — сказал Пряхов, тряхнув головой. — Делай все, будто ты — хозяин, и думай только о моей Кате, а я — будто меня и нет. Вот что! Да еще снеси дар воеводе.

— Много ли?

— Лучше больше, — усмехнулся Пряхов. — Снеси ему сто Рублев да камки, да бархату — по куску, что ли, да на рубахи ему атласу отрежь. И дьяку. Тому сорок серебра да тоже рухляди этой.

— Ладно. Так я поеду!

— С Богом!

Пряхов поцеловал Грудкина, и тот уехал, а Василий Агафонович прошел в соседнюю горенку, которая была у него спальней и молельной, и, опустившись на колени, стал истово молиться.

Тихо и однообразно потекла жизнь в ските для Пряхова и Кати с Софьей. Он вставал рано утром и подолгу молился, потом шел вниз и здоровался с девушками, потом садился подле жены своей и отпускал Матрену, которая служила при ней. Он сидел и думал о суете жизни и о быстро проходящем счастье. В полдень обедал и спал до трех по обычаю, а потом опять шел к девушкам.

Катя и Софья сидели за пяльцами; Василий Агафонович подсаживался к ним и молча любовался ими или вел с ними беседу, вспоминая Спасское.

В такие минуты приходил ему на ум и Яков. Где-то он теперь? Что делает? Может, его в лесу волки съели; может, шведы словили, а может быть, и служит он у царя-басурмана, поганит себя табачищем. Тьфу! Все нехорошо...

Когда Пряхов при упоминании о сыне вдруг замолкал,

Софья вспыхивала ярким румянцем и низко опускала голову; она в то время сердцем угадывала мысли Пряхова.

К вечеру Василий Агафонович шел в скит, в молельню Еремеича или в горницу богородицы, и там вел тихие душеспасительные беседы, а к ночи уходил к себе.

Случалось, приезжал Грудкин и долго говорил с ним о делах: какой товар спрашивают, какой вышел, за каким в Москву послать или какой товар в Москву везти, что скупил дешево. Пряхов невольно втягивался в беседу о своем любимом деле и давал Грудкину советы или приказы.

— А как с воеводою? — спросил он его в первое же свидание.

Грудкин усмехнулся.

— Доволен был — во как! Говорит, Агафошку этого проклятущего взгрел страсть как и запретил ему в приказ и нос свой совать. Агафошка-то словно сгиб, — нигде его и не видно.

— А у архиерея?

— Какое! Агафошка-то и не был у него в служках. Я все разузнал. Надо так думать, что он из какого-либо монастырского двора беглый — может, с Соловок или с Пустозерска. Много ведь их бегает. Воевода говорит — "поймаю и постращаю". И дьяк за нас.

Пряхов покачал головой.

— А что толку в том? — покачал головой Пряхов. — Все равно мне глаз не показать на улице. Как-никак, а беглый.

— Подожди! — сказал Грудкин. — Воевода сказывал, что если царь там, в Ингрии, победит шведов, то в радостях можно будет челом бить.

Лицо Пряхова озарилось надеждой.

— А там еще Яков твой. Может, самому царю полюбится. Так-то!..

— Ну, а по дому как?

Грудкин снова обратился к делам и стал давать отчет.

Так день за днем проходили дни Пряхова и не в тюрьме, и не на свободе.

Еремеич в утешение его со слезами рассказывал, как терпел Аввакум сперва в Сибири, потом в Москве; как терпел Никита Пустосвят и сколь мужественно принял тяжкую казнь Кикин.

Кате и Софье было веселее. И сами они, две подруги, были всегда вместе неразлучно, и к тому же почти всегда с ними были веселые белицы Ольга или Матрена, причем каждая со своим секретом и своими историями. Соберутся в светелке за

106

пяльцами и говорят, говорят: Катя — про свою краткую любовь, мелькнувшую как сон, Софья — про Якова да про то, как он у царя выслужится и своему отцу поможет, всех из беды вызволит, Ольга — про Ефрема, которого она полюбила еще, когда Пряховы раньше в скит приезжали, а Матреша — про красивого парня Федора.

— Грех это, знаю, — говорила она, — а как увижу его, так все забываю. Кажись, угляди Еремеич — и того не побоюсь.

— А какой грех? — возражала Ольга. — Разве мы зарок давали? С горя да с худобы сюда-то попали, а не то чтобы волей. Меня сюда мамка вот какой привела! — и она показала пол-аршина от пола. — Привела да и померла. Меня и оставили, а мне тут вовсе не мед.

— А я? — сказала и Матреша. — Тоже не по себе, а все же боюсь. Пашутку-то помнишь?

— А ну! — Ольга отмахнулась и побледнела.

— Что за Пашутка? Что с нею? — спросила Катя.

Матрена перекрестилась.

— Девка у нас тут была, тоже в белицах. Ее этот Еремеич с полюбовником изловил, ну, и...

— Что же с ней сделали? — в один голос спросили и Катя, и Софья.

— Живой в яму закопали, — побелевшими губами прошептала Матреша.

Девушки вздрогнули, и у них на время воцарилось молчание.

Но такие разговоры были между ними редки. Чаще они обменивались своими девичьими чистыми грезами и все теснее и теснее сближались друг с другом.

Скит с высокой из толстых бревен изгородью, стоявший в глубине дремучего леса, казался острогом, но, когда выпадал светлый день, девушки выходили в лес и бродили по глухим тропинкам, хотя в лесу уже было грустно. Осень была на исходе и чувствовалась близость суровой зимы. Птицы не пели, и только белки, готовясь к зимней спячке, хлопотливо прыгали по ветвям деревьев, да время от времени ухал филин.

Однажды девушки сидели на поваленном дереве и грызли собранные орехи; вдруг перед ними объявился человек — высокий, широкий, с мерзким, хитрым лицом, с рыжими волосами, которые копной выбивались из порыжелой скуфейки; в дырявом подряснике и босоногий. Он умильно поглядел на девушек и хриплым голосом спросил:

— Девушки-красавицы, как мне тут пройти к добрым людям, во имя Иисуса душу спасти?

107

— А иди, божий человек... — начала Матреша, но Катя вдруг закричала не своим голосом: "Он, он! Иуда!" — и бросилась бежать по тропинке.

Девушек охватил панический страх, и они побежали за ней.

— Тот, что батюшку выдал! — крикнула Катя.

— Бежим, девоньки! — испуганно пробормотала Ольга, и они побежали еще скорее.

Агафошка пустился за ними.

Девушки испуганно вбежали во двор.

— Ефрем, Ефремушка, — закричала Катя, увидев Ефрема на дворе, — наш враг тут!

— Кто?

Софья поспешно объяснила.

Ефрем отвязал собаку и тотчас выбежал за калитку.

Агафошка растерялся. Что за диво? Вот только что девушки бежали по этой тропинке, свернули будто за эти кусты, и вдруг никого — словно они сквозь землю ушли. Не может быть этого! Агафошка стал осторожно пробираться по густой заросли, как вдруг услышал тяжелое сопенье и рычанье; он оглянулся и с диким воем пустился наутек. За ним с ревом помчалась громадная собака.

XXV

ЗА ПЛЕННИЦЕЙ

— Ну, вот мы и приехали! — радостно воскликнул Савелов, когда на горизонте показалась зеленая крыша приземистого монастырского здания. — Ехали, ехали. Я думал, и конца не будет!

— Еще с добрый час езды, — ответил Багреев. — Навались, ребятушки! — сказал он мужикам, везшим их на широком баркасе.

— А ну-ка, Кузя, понавались! — крикнул рослый мужик, а затем, поплевав на руки, упер длинный шест в дно быстрой реки и побежал по узкому борту баркаса.

Другие рабочие бежали тоже, и баркас плавно двигался по быстрому Волхову, обрамленному с обеих сторон густым лесом теперь темных бесшумных деревьев.

— Теперь скоро и замерзать Волхову, — сказал Багреев старшему мужику.

— Никогда этого не будет! С тех пор как Новгород наш воли лишили и утопили вечевой колокол, никогда ему не замерзнуть. Бежит волна, омывает колокол, а как какая беда ежели, он должен звонить и мы — его слышать. А ежели вода замерзнет, как услышим?

Багреев улыбнулся и обратился к Савелову.

— Тебе, кажется, охота прямо на берег прыгнуть?

— А то как же! — ответил Савелов. — Ты пойми, радость-то у меня какая! Ведь встретились, разминулись и как в воду, а теперь вдруг и ее нашел, и знаю, что она любит, и, может быть, еще до полудня увижу ее, мою голубицу! Сердце-то словно выскочить хочет. Вот ей-Богу!..

Багреев сочувственно кивнул ему и глубоко вздохнул. С совсем иными чувствами ехал он исполнять чужую прихоть.

— Чаль! Чаль к пристани! Э-эй! — стал вдруг орать рыжий мужик, и рабочие суетливо забегали по баркасу.

На убогой пристани, представлявшей простой деревянный настил, засуетились люди. Закинули веревку; баркас потянули теперь за нее с берега веревкой, и он грузно подходил к пристани, на которой уже толпился народ, с любопытством глядя на двух военных, державших в поводу рослых коней. Наконец он ударился о настил и его причалили багром. Мужики достали широкие доски и положили их с борта на настил пристани.

Багреев заплатил рыжему мужику условленную плату и осторожно повел своего коня на берег. Савелов пошел за ним.

Из собравшейся толпы вышел степенный мужчина в поддевке из синего сукна и, низко поклонившись им, сказал:

— Не обессудьте, честные бояре! Может, вы из государева войска едете? Может, что про государеву войну слышали?

— Верно, почтенный, — ответил Багреев, — от царева войска едем. А про дела скажу вам, — и он громким, торжественным голосом произнес: — Сего года, октября одиннадцатого, царь наш Петр Алексеевич со своими войсками взял после жестокого боя шведскую крепость Нотебург, а четырнадцатого вошел в нее и назвал ее Шлиссельбургом! Многие лета государю! Виват!

Общий восторг овладел толпой.

— Многие лета! Виват! Слава государю! — раздались радостные клики, и шапки тучей полетели в воздух. — В храм Божий!.. Помолимся!.. С нами Бог!

— Не знаю, как величать вас, бояре, — заговорил тот же купец, — дозвольте вас на радостный пир позвать!

— Некогда, добрый человек, — ответил Багреев, — мы прямо к воеводе. Укажи дорогу!

Багреев и Савелов сели на коней и тронулись. Толпа окружила их тесным кольцом и, громко крича, провожала к воеводе.

— Что за шум? — сказал последний, прислушиваясь из своих хором к доносящемуся гулу.

— Батюшка! — вбежал к нему испуганный холоп, — народ бежит и кричит, до тебя царских послов ведут. Слышь, город у шведов взяли!

— Давай кафтан, дурень! Где моя горлатная шапка?

Воевода засуетился и едва успел выбежать к себе на крыльцо, как Багреев с Савеловым уже входили во двор, а за ними с криками валила толпа. Воевода, несмотря на тучность, мигом сбежал с крыльца и уже хотел опуститься на колени, как Багреев поспешил сказать ему:

— От боярина Шереметева!

— А! — вздохнув произнес воевода и, приняв важную осанку, сказал: — Милости прошу! Не обессудьте!

— Угощения, воевода! Давай пива и браги! — кричали голоса.

— Я вас! Эй, вы, — закричал воевода челяди, — гони их взашей! С чего расшумелись?

Багреев остановился и объяснил ему причину волнения.

— С нами Бог, — набожно перекрестился воевода, — истинная радость! Наше угощение по обычаю сделать. Эй, позвать ко мне дьяка! Милости прошу, дорогие гости! — и он, взяв под локоть бравых офицеров, стал подниматься на крыльцо.

В сенях стоял ключник, держа на подносе серебряные стопы с медом.

— Не обессудьте! С дорожки! — предложил гостям воевода.

Багреев и Савелов взяли стопы.

— Во здравие царя! — сказал Багреев.

— Виват! — подхватил Савелов, и они отпили.

— Тебе, воевода, во здравие! — сказал снова Багреев, и они допили свои стопы, а воевода им низко кланялся.

— Стопы дорогим гостям в горенку снеси, — сказал он ключнику и повел гостей в трапезную.

— Что же это ты без хозяйки, что ли? — спросил Багреев.

— Холостой, батюшка!

— И бабы нет?

— Баба есть, да не моя. Боярин, как в поход шел, поручил мне свою девку, да наказал беречь, как глаз. Так я ее в светелке держу и никуда не пускаю... даже гулять. Вишь, полонянка она. А все же дюже красивая девка!

"Ах, басурман! — Багреев сжал кулаки, — он ее, бедную, как в остроге держал!"

— Боярин меня за нею прислал, — резко сказал он, — вот послание! Сейчас ее выпусти и сюда приведи!

Воевода смутился, беря сверток.

— Сейчас, господин мой! Подожди только, дьяк придет. Я-то сам в грамоте не силен. Эй, что же Кузьмич не идет!

— Иду, иду! Кх... кх... — раздался сиплый голос, и в горницу вкатился дьяк и отвесил тотчас низкие поклоны Багрееву и Савелову.

— На, чти! — ткнул ему воевода бумагу.

Дьяк тотчас развернул письмо и сипло прочел:

— "Новгородскому воеводе, Ферапонту Бельскому, от боярина Шереметева наказ. Мариенбургскую полонянку поручику Багрееву сдать в целости и оказать всякое пособие для отправки оной. А крепость Нотебург взята и названа Шлиссельбургом. О том ведать".

— Так! — сказал воевода. — Ну, дьяк! Пошли бирючей о том по городу кричать; на завтра надо пироги печь и брагу выкатить. Богу помолимся и выпьем за славную победу! Иди! А полонянку немедля доставлю, — сказал он Багрееву и вперевалку пошел за двери.

— Ах, он, старый пес! — с негодованием сказал Багреев. — Нате, как в остроге держал! Чай, исхудала, бедная?

— А мне идти? — сказал Савелов.

— Подожди! Куда пойдешь? Надо же его поспрошать, — остановил его Багреев.

В это время вошли слуги, с ключником во главе, и торопливо стали устанавливать стол всякими яствами и питиями. Пришел воевода и, низко кланяясь, пригласил гостей за трапезу.

— А полонянка?

Воевода лукаво прищурился.

— И она будет. Подожди, господин! Сперва выпьем по чарке! — и он хлопнул три раза в ладоши.

В то же мгновение распахнулась дверь, и в горницу вошла шереметевская пленница. Багреев взглянул на нее, вспыхнул, как маков цвет, и просветлел от радости. В горницу вошла в дорогом сарафане высокая, стройная русская красавица — не тощая немка, а именно русская девушка, белая, румяная, высокая, полная, с толстой русой косой, с ярко блестящими черными очами. Она внесла широкий поднос, накрытый чистым полотенцем, с тремя кубками меда и поясно поклонилась гостям, причем из-за ее алых губ сверкнули ослепительной белизны зубы.

— Вот и твоя красавица! — весело сказал воевода. — Поднеси им! — обратился он к пленнице.

— Кушайте во здравие! — чистейшим русским языком сказала девушка.

— По обычаю! — сказал Багреев, восторженно взглянув на нее, и, осушив кубок, звонко поцеловал девушку.

— И я! — весело сказал Савелов и сделал то же.

Девушка весело засмеялась.

— А теперь по-новому, воевода, — сказал Багреев, — дозволь ей с нами сидеть.

— Твоя воля! — ответил воевода. — Садись, что ли!

Девушка отставила поднос и свободно опустилась на лавку. Багреев смотрел на нее восторженным взглядом.

"И откуда такая уродилась?" — думал он, замирая от счастья.

А шереметевская полонянка грациозными движениями брала кушанья, ела и запивала их сладким медом.

— Откуда ты наш язык знаешь? — спросил ее Багреев, придвигаясь к ней.

— Я? Да я его и раньше знала, а тут, как пошла к вашим, и того лучше, а у воеводы от его холопов и совсем узнала, — ответила она и улыбаясь обнажила белые зубы.

Багреев придвинулся еще ближе.

— А знаешь, для чего я сюда из далекой Ингрии приехал?

— Откуда мне знать! — потупилась девушка.

— За тобой!

Она взглянула на Багреева исподлобья, вспыхнула и улыбнулась. У Багреева дрогнуло сердце.

— Только я повезу тебя к Меншикову, в холодный Нотебург, к коменданту. Тебя ему Шереметев подарил.

Лицо девушки побледнело.

Багреев придвинулся еще ближе.

— Не любо?

— Мне что же... воля не моя... я ведь — пленница...

А тем временем Савелов пил с воеводой и наконец, собравшись с духом, спросил:

— А не знаешь ли ты, Ферапонт Лукич, где тут купец Пряхов живет, где дом его?

Воевода даже поперхнулся.

"Неужели Агафошка успел нажаловаться?" — мелькнуло у него в уме, и он откашлявшись сипло ответил:

— Пряхов? А не знаю, мил человек. Много у меня купцов-то.

— Да он, слышь, богатый, да к тому же недавно из Спасского приехал.

— Не помню. Хоть убей! А тебе на что?

Савелов замялся.

— Так... сын его в воспе... так просил...

"Врешь! Узнал что-то", — решил осторожный воевода и снова повторил:

— Не помню. Поспрошай на базаре. Там-от всех знают.

Савелов уныло вздохнул, выпил еще стопу и поднялся.

— Не суди. Мне по делу!

— Пусти, пусти его! — весело сказал воеводе Багреев, — под ним земля горит!

— С Богом! — ответил воевода. — Ночевать-то ко мне приходи. И ужин будет, и постель!

Савелов торопливо вышел от воеводы и пешим направился на базар разузнавать, где находится дом купца Пряхова.

Едва он ушел, как Багреев обратился к воеводе:

— Завтра утром, воевода, приготовь крытый возок, тройку коней и кучера. Завтра же уедем! Да и Марту снаряди.

— Полонянку?

— Да, ее Мартой зовут. А ты и не знал?

— И невдомек, — ответил воевода.

Девушка засмеялась.

— Я-то сама все Катею величаюсь. Нравится мне имя это очень!

— Катя так Катя! — весело сказал Багреев. — Мне ты по-всякому люба. Так приготовь, воевода! А теперь, Катя, укладываться и собираться пойдем, а я сосну... устал с дороги-то.

— А приятель твой?

Багреев махнул рукой.

— Его оставь. Он здесь свою зазнобу ищет. Может, у тебя и не одну ночь переночует. Береги его!

— Помилуй, — сказал воевода, — царского слугу-то? Да сделай такую милость! Я всегда...

— Ну, ну! Где горница-то?

Воевода хлопнул в ладоши и сказал прибежавшему холопу:

— Проводи!

Марта ушла к себе. Воевода, едва ушел Багреев,

распоясался и вперевалку пошел в свою опочивальню, тревожно думая о Савелове и его расспросах.

Багреев, опьяненный вином и любовью, лег на мягкий ковер, покрывавший широкую лавку, и тотчас заснул, но и во сне ему все время грезилась шереметевская пленница, с которой он в тесной кибитке проведет не одни сутки. Да, будь деньги, купил бы он ее у Шереметева и зажил бы с ней в своем московском доме. Эх, беда, нет их! Не судьба, знать.

Уже было темно, когда Багреев проснулся и в темноте услышал подавленные вздохи.

— Кто тут? — спросил он тревожно.

— Я! — послышался в ответ печальный голос Савелова.

— Что с тобой? Это ты? Нашел?

— Нет! — и Савелов вздохнул снова.

Багреев сел.

— Расскажи.

— И рассказывать нечего, — ответил Савелов, — не нашел, и все! Дьяволы какие-то! — проговорил он со злобой.

— Да кто и что?

— Что? Вышел это я на базаре прямо, как воевода сказал. "Где купец Пряхов живет?" — спрашиваю. Ну, правда, этого купца все знают. Сейчас какой-то парнишка мне дорогу указал. Пришел я к дому. Что твой острог: забор высоченный, ворота — что в крепости, а людей никого. Звал я, звал; стучал я, стучал — только собаки лают. Наконец вышел какой-то парень. "Тебе что?" Я ему так и так: приехал с войны, послал меня сюда Яков Пряхов, хочу купца повидать. "Никого, — говорит, — тут нет! Иди!" — и хлопнул калитку. Так я и ушел. Пошел я опять на базар. Там купец... знаешь, что нас встретил. Я его: где да что купец Пряхов? Он говорит: "Знаю купца!" — даже назвал его — Василий Агафонович. И знает, что приехал из Спасского, а теперь равно сгинул. Торговлей его приказчик Грудкин занимается. "А Грудкин где?" — "Должно быть, — говорит, — у Пряхова на дому". Я — туда. Стучал, стучал. Опять этот дурень вылез. "Чего?" Я ему: "Грудкина давай!" — "Нет Грудкина!" — "А когда бывает?" — "Как случится!" — "А куда уехал?" — "Мне не сказывал!" — и опять хлоп калитку и вся. Веришь ли, я даже утопиться хотел. Ей-Богу! Что же это? И здесь, и нет! Я не могу...

— Подожди, Антоша, — заговорил Багреев, — мы от воеводы толка добьемся: заставим его искать — вот и все! Ты только не разводи с ним бобов, а прямо за бороду!

— Грудкина стеречь буду и того за бороду! — решительно сказал Савелов. — Я уж так не уеду.

114

— Время есть! — подтвердил Багреев и, встав с лавки, вышиб огня, зажег светец, потом закурил трубку и опять сел на лавку.

Савелов лежал, сбросив тяжелые сапоги.

— А ты?

— А я завтра уеду, — ответил Багреев и густо покраснел.

Но Савелов не заметил его смущения и, сокрушаясь своей неудаче, повторял:

— Нет, так уж не уеду... разыщу этого Пряхова. И скажи на милость, чего он прячется? А?

— Если бы я был с казной... — сказал Багреев, — то выкупил бы ее.

— Кого? Ты найди сперва этого Пряхова.

Багреев удивленно взглянул на Савелова и громко захохотал:

— Ты про Ерему, а я про Фому! Пойдем лучше к воеводе ужинать!

XXVI

НЕДОСТУПНОЕ

— Нет, ты уж постой на службе, — сказал на другое утро воевода Багрееву, видя, что тот уже собрался в путь.

— Возок-то готов? — нетерпеливо спросил поручик.

— Возок-то готов и все, что нужно, уложено: и снедь всякая, и шубы, и сапоги, ежели холодно будет.

— А Катя... Екатерина?

— И она готова. Только ей что? Она — еретичка. А без тебя невозможно. Уж сделай милость! Вот и приятель твой тоже, — и воевода низко поклонился.

Багреев поморщился, Ему хотелось скорее уехать, скорее остаться вдвоем с девушкой, но в то же время он понимал, что не может не быть на торжественной службе, устроенной воеводой. Он согласился, и воевода, потребовав возок, повез и его, и Савелова в Софийский собор.

Народ валом валил на площадь и радостно шумел, зная про уготованное угощение. Звон колоколов мешался с говором — и Багреев чувствовал праздничное настроение.

"Воистину ведь радость, — думал он, — воевода это хорошо делает. Беспременно доложу про то Меншикову".

Савелов тоже развеселился.

В храме их поставили на красные места, и торжественность службы, после долгого времени походной жизни, тоже отрадно подействовала на Багреева.

Наконец служба окончилась. На площади раздались исступленные крики.

— Ну, теперь еду! — решительно сказал Багреев.

— Не смею держать, — произнес воевода.

— А друг твой ужо с нами выпьет во здравие царя! — заговорили кругом Багреева.

Он вернулся и стал торопить отъездом.

Просторная бричка на широких полозьях, так как кругом уже выпал снег, была вся почти заполнена плетенками, лукошками, сулеями и мягкой рухлядью, среди которой были и шуба, и просто медвежья шкура. Багреев с довольным видом улыбнулся. Таковы были обычаи того времени, что всякий чуть выдающийся человек получал от низшего подарки и не считал этого для себя унижением.

— Ну, ведите Катерину! — весело приказал он холопам и смущенно покраснел, взглянув на Савелова.

Но тот и не заметил смущения друга, весь занятый своими думами о потерянной невесте.

Екатерина сошла, закутанная в пуховый платок, в легкой телогрейке.

— Садись! — ответил Багреев, помогая ей сесть в возок. — Хорошо ли тебе?

— Как царице! — смеясь ответила Екатерина.

Багреев обернулся к Савелову и крепко обнял его.

— Ну, пошли тебе Бог! — сказал он. — В марте увидимся.

— Ежели не найду ее... — глухо заговорил Савелов и вдруг заплакал, а затем добавил: — Теперь мне еще тяжелее будет!

— Ну, полно! Как не найтись? Не иголка! — сказал растроганный Багреев и, еще раз поцеловав Савелова, влез в бричку и крикнул: — Пошел!

— Господи Иисусе Христе! Ну-у! — произнес возница и замахнулся на коней.

Бричка помчалась. Конь Багреева, привязанный к облучку за повод, быстро двигал ногами, фыркая и прядя ушами.

Багреев склонился к Екатерине и спросил ее:

— Тепло тебе? Ловко сидеть?

Она молча кивнула и прижалась к его плечу плечом.

— А как я рад! — воскликнул Багреев, вспыхнув.

— Чему? — тихо спросила Екатерина.

— Да тому, что с тобой еду! Хоть неделю, да вместе. Я ведь тебя как увидел, так полюбил, — произнес он, задыхаясь, и спросил: — А я, скажи, люб тебе? А?

Она склонила голову и, отвернув лицо, тихо ответила:

— Что говорить-то... ну, люб!

— Люб, люб! — воскликнул Багреев и, крепко обняв ее, стал осыпать поцелуями ее раскрасневшееся лицо.

Пленница отворачивалась, но потом сама обняла его и стала отвечать на его поцелуи.

А бричка летела по гладкой пелене пушистого снега. Холодный ветер врывался к путникам, но они не видели снега, не чувствовали холода, и им казалось, что вокруг цветет молодая весна. Держась за руки, они стали говорить.

Сначала говорила Екатерина. Она рассказала, как служила у пастора Глюка в Мариенбурге, как ходила за его детьми и за его больной женой.

— Потом послышались тревожные слухи, что идут русские войска. Меня один драгун любил. "Выходи, — говорит, — за меня замуж, я тебя отсюда далеко увезу". Я боялась, а пастор тоже говорит: "Выходи!" Я уже было совсем собралась. Вдруг ваши войска! Наши все перепугались. Пушки палят. Ух!.. — Она вздрогнула. — Только ночью вдруг пастор будит меня и говорит: "Одевай детей! Бежим!" Я говорю: "Куда?" — "К русским!" Я вскочила и начала детей обряжать. Потом мы осторожно вышли. Сторожа спят. Мы за город, да бегом, прямо к лагерю! Часовые: "Куда?" — а пастор говорит: "Ведите к начальнику!" Холодно, мы почти не одеты, дрожим. Нас повели и прямо в палатку самого генерала... к Шереметеву. Пастор ему в ноги и дает евангелие. Ну, он нас всех обласкал, пастора в Москву отправил, а меня у себя оставил. Тоска! Он еще мне ласку всякую делает, а я от него! Офицеры — те тоже: кто щипнет, кто поцелует, а я плачу, как одна, но на людях смеюсь. А потом тебя увидела и сразу ты полюбился мне! — окончила она.

Багреев опять стал целовать ее, а потом рассказывать про свою любовь и свои мученья.

— А вот теперь, — с горечью окончил он свою несвязную речь, — должен я тебя Меншикову везти. Мне разве это легко?

— Не горюй, — тихо шепнула ему Екатерина, — я, кроме тебя, никого любить не буду!..

Багреев опять обнял ее.

Так они ехали по снежной равнине, не замечая ни пути, ни времени. На привалах Багреев вынимал всякую снедь и угощал

117

Екатерину, как свою госпожу. Ночью он расстилал медвежью шкуру, сам примащивался между сулеями, а ее укладывал и накрывал шубою.

Однажды утром он вдруг в мелком перелеске и в далекой глади снежной равнины узнал знакомые места. Сердце его сжалось. Возок летел. Багреев выглянул и в полутьме увидел суровые очертания недавно взятой крепости.

— Приехали! — сказал он Екатерине упавшим голосом.

Она тоже примолкла.

В тяжелом молчании они ехали часа два.

Потом Екатерина словно очнулась и сказала, старясь казаться веселой:

— Ну, полно кручиниться! Поцелуемся на прощанье!

Багреев обнял ее и замер в поцелуе.

— Прямо ехать? — спросил возница.

Багреев очнулся.

— Что спрашиваешь, — грубо крикнул он, — не по небу, чай!

Возок спустился с крутого берега и быстро поехал через замерзшую Неву.

Ветер, холодный и резкий, врывался в кибитку и бросал в седоков сухой, крепкий снег.

— Стой! Кто идет? Откуда? — послышался оклик, и Багреев сразу понял, что его счастье окончилось.

Он вышел из кибитки, и часовой у ворот тотчас вытянулся перед ним.

— По поручению коменданта! — сказал Багреев, — открой!

Часовой дернул шнурок. Загремели засовы, и ворота медленно распахнулись.

— Поезжай за мною! — приказал Багреев вознице и пошел впереди к комендантскому дому.

Словно чувствуя, что это к нему, Меншиков выбежал на крыльцо и, увидев Багреева, радостно воскликнул:

— Привез?

— Привез! — угрюмо ответил поручик.

— Где же она? В повозке? — и быстро, как мальчик, Меншиков сбежал с крыльца и устремился к бричке.

Багреев отвернулся.

XXVII

НЕЧИСТЫЙ СВЕЛ

Савелов долго смотрел вслед уезжавшему другу, а когда возок исчез из его глаз, то тяжело вздохнул и почувствовал себя совсем осиротевшим.

— Ну, ну, не кручинься, добрый молодец! — участливо заговорил воевода, хлопая Савелова по плечу, — друг твой уехал, а мы с тобою поедем на пирование. В губной избе, чай, уже все собрались.

Савелов обратился к воеводе и, сжав его руку, порывисто проговорил:

— Не томи меня, Ферапонт Лукич! Ведомо тебе, где купец Пряхов! Укажи мне его! Мне его повидать во как надо! — и он указал на горло.

Воевода смущенно потупился, но тотчас оправился и, как прежде, развел руками.

— Не знаю! Ей-ей, не знаю! Дьяка спрашивал — и тот не знает! Да и откуда знать! На поклон он ко мне приехал, челом ударил, подарил как следует и — все! Живи себе! Мне что? — простодушно объяснял воевода. — А ведь у него дела торговые. Может, назад в Ингрию отъехал, может — в Москву, а может — за море.

— Зимой-то?

— Уж это я не могу сказать. Там, слышь, земля теплая и льда ни-ни! Ну, да что тебе этот купчишка дался? Едем на пирование! — и воевода почти насильно усадил Савелова в возок и велел ехать в губную избу.

Последняя была от его дома в каких-либо двухстах саженях, но ехать даже на такое краткое расстояние было в обычае, и, чем знатнее был боярин, тем ему невозможнее было идти хотя два шага пешком.

Народное гулянье уже началось. Со всех сторон слышались крики, и то тут, то там затевались драки. Мальчишки с гиканьем сновали между старшими, старшие ругались, пели и хохотали; появились скоморохи, уже изображавшие, как русские шведа бьют и в полон берут, города рушат и немчуру заушать.

Воевода остановился на крыльце губной избы и с умилением глядел на пьяную потеху. А в избе тоже уже слышались пьяные голоса.

119

— Гляди, как радуемся! — сказал воевода Савелову, — потом царю доложи!

— Ладно, — безучастно произнес Савелов, почти не видя буйного веселья и не слыша громких криков.

Все его мысли были поглощены только одной мыслью: "Где Катя и как найти ее?" Сердцем чуял он, что она тут, где-то недалеко, и что воевода отлично знает, где купец Пряхов, и что во всем этом есть какая-то тайна, но как проникнуть в нее?

— Идем, что ли? — толкнул воевода Савелова.

"Там поспрошаю", — подумал молодой человек и пошел следом за воеводою.

Пир начался. За длинным столом сидели государевы слуги, земские и купцы, во главе с губным старостой. Увидев воеводу, все радостно закричали, а губной староста тотчас очистил место подле себя.

— Сюда, сюда, Ферапонт Лукич! Без тебя еще здравицы не пили! — густым басом сказал он, махая рукою. — А тебе, господин, любое место! — прибавил он, оборотясь к Савелову.

Несколько человек закричали ему:

— Сюда пожалуй! Ко мне!

Савелов опустился на лавку меж двух бородачей, и ему тотчас поднесли кубок с травником.

— Выкушай!

Слуги понесли миски с супами, и пирование началось снова.

— За царя нашего батюшку, Петра Алексеевича! — то и дело слышался возглас, и тогда все вставали, выпивая свои кубки и стопки, а затем опрокидывали их над головами в знак того, что все выпито.

Кругом стоял гул. Кто-то запел.

— Расскажи нам, господин, как вы шведский острог брали? — обратился к Савелову его сосед.

Тот стал рассказывать. Несколько человек придвинулись к нему ближе; сидевшие напротив перегнулись. Они слушали рассказ, как теперь в деревенской избе слушают рассказ о войне бывалого человека, и не могли сдержать свои возгласы:

— Крепкий острог! Ишь ты: "Выпусти жен!" Ловко им государь ответил! Наш боярин Голицын — орел! Вот страхи-то! Ишь ты, коротки?..

Савелов догадался вспомнить Пряхова.

— Да, лестницы коротки! — продолжал он рассказ — Да на наше счастье объявился Яков Пряхов, сын вашего купца; говорит: "Вязать лестницы по две!"

— Ловко! Ай да Яша! То-то отец рад!

— А где отец-то? — сказал кто-то.

— И рад не будет! Он — старовер!..

— Ну, а дальше-то?

Савелов, жадно прислушивавшийся к разговору, снова начал свой рассказ.

Когда он окончил, все громко рассмеялись царскому слову.

— Ишь ты как загнул! Труден был орешек, да ин раскусили. Виват! С нами Бог! За царя!

И началась снова попойка.

Савелов обратился к своему соседу с расспросами о Пряхове.

— Как же!.. Пряхова, Василия Агафоновича! И даже очень хорошо знаем! — ответил сосед.

— Где же он?

Сосед покачал головой.

— А это объяснить не могу. Был здесь, приехав из Спасского, и опять сгинул. Слышь, — шепотом сказал он Савелову, — воевода его по оговору в застенок брал. Его поспроси!

— Воевода говорит: не знаю!

Сосед пожал плечами.

— И мы, милостивец, не знаем. Приказчик его, Грудкин, бывает и торг ведет, а про хозяина молчит. Может, убег Василий Агафонович, — еще тише добавил он.

— За здравие царя-батюшки! — завопил чуть не в двадцать раз губной староста, хотел подняться и не мог.

Савелов выпил свою чару и осторожно вышел из-за стола. Пир делался все шумнее.

Воевода кричал:

— Я — Бельский! Наш род от Всеволода Большое Гнездо, а ты — кто? Смерд?

— Я — смерд? — рычал губной староста.

Поднялся общий крик.

Савелов вышел из избы, сразу же очутился на шумной площади и, слегка покачиваясь от выпитого, пошел среди пьяного, шумливого народа. Одна дума занимала все его мысли, и он сам не понял, как очутился в кабаке за длинным столом, с чаркой в руке, с круглой сулеей перед носом.

Кругом люди неистовствовали. Свистел гудок, пели скверные песни, скоморохи играли в чехарду и один другому загибал салазки, а какие-то разгульные бабы звонким голосом выкрикивали: "лен-коноплю". Вдруг подле Савелова очутился безобразный, грязный оборванец с рыжей, лохматой головою и гнусливым голосом сказал:

— Не откажи убогому в доброй чарке!

— Пей! — ответил Савелов.

Рыжий не заставил повторять предложение и жадно придвинул к себе сулею.

— Пирожка бы подового...

— Спроси! — не глядя на него, ответил Савелов и продолжал сидеть, опустив голову на облокоченную руку, и все думал, каким путем повидать Пряхова.

— Прости на слове, господин, — вкрадчиво заговорил оборванец, — я твое горе знаю и ему пособить могу.

Савелов с удивлением оглянулся.

— Ты? — и потом сказал: — Какое мое горе, дурак?

— Может, обмолвился я не тем словом, — снова загнусил оборванец, — а ведомо мне, что ты купца Пряхова ищешь, а где тот купец таится, мне тоже ведомо.

Савелов вздрогнул и повернулся к оборванцу так стремительно, что тот даже откачнулся.

— Где? Сказывай! На тебе рубль серебра! Еще дам... Где?

Оборванец оторопел, но все же успел схватить монету и быстро сунул ее в одну из дыр своих лохмотьев. Потом он придвинулся ближе к Савелову и спросил:

— А сколько дашь? Дашь десять рублей?

— Дам! — быстро ответил Савелов.

Оборванец радостно рассмеялся.

— Вот люблю! Настоящий господин! Я тебе ножки поцелую, не то что Пряхова доставлю. Его разом! Чик — и он! Агафошка тебе услужит! Да я... тебе!

— Где же он? Как найти его?

— Тсс!.. — сказал прищуриваясь Агафошка, — его так-то голыми руками никак нельзя. Его с воинами надоть, с солдатами! Во!..

Савелов оторопел.

— Что ты брешешь?

— Брешет собака, господин мой, а Агафошка человечьей речью разговаривает, — произнес он наставительно.

— Суди сам, — и, придвинувшись, Агафошка стал говорить Савелову шепотом, — Пряхов-то старовером был. Как его сын к царю пошел на службу, так он и смирился... вот! А староверы про то дознали, сманили его со всем семейством к себе в скит и заперли! Грудкин-то, его приказчик, — всему коновод. Хочет в купцы выйти!..

Савелов сразу протрезвел и впился горящим взором в подлое лицо Агафошки.

— Ну, ну!

122

— Он через меня воеводе жаловался, а те воеводу купили. Воевода мне горячих всыпал, и вся недолга, а про него словно и не слыхал.

"Так вот она, тайна!" — подумал Савелов и ударил кулаком по столу, а затем вскочил и, как безумный, бросился из кабака.

— Денежки мои! — закричал целовальник.

— Небось, не пропадут! — крикнул ему Агафошка и бросился вслед за Савеловым. Он едва догнал последнего и ухватил за рукав. — Куда ты, господин?

— К нему... к воеводе! Я ему всю бороду выдеру! Царю донесу! Он ему спасибо не скажет! Я ему!..

Перепуганный Агафошка загородил ему дорогу.

— Что ты! Что ты! — заговорил он, — и купца не выручишь, и дело испортишь. Воевода шепнет, а староверы-то этого Пряхова еще дальше повезут и всех...

— Что же делать? — растерянно спросил Савелов, которого отрезвили слова Агафошки: ведь, правда, этот воевода все может сделать, если уж за деньги продал человека.

— А ты вот что! — Агафошка приблизил свое лицо к Савелову и, дыша на него водкой, стал говорить: — Спроси у воеводы солдат. Скажи, что крамолу сыскал, а что и где — не сказывай! Я тебе дорогу укажу, и мы скит весь заберем, и Пряхова освободим. Вот! А там воевода чеши бороду потом!

Савелов кивнул головою. Его лицо просветлело. Он не только возьмет свою Катю, но явится для нее и ее отца спасителем! Погоди же, корыстный воевода! Будет тебе!

— Ладно, — сказал он, — так и сделаю! Сколько солдат?

— Да ежели полсорока...

— Двадцать? Будет двадцать! Жди меня завтра вечером в кабаке. Я с солдатами приду!

— Там, господин, ты за вино не заплатил.

— За вино? Заплати ты! На!

Савелов дал Агафошке деньги и тихо побрел к дому воеводы, радуясь счастливому случаю, вдруг пришедшему ему на помощь.

А оборванец вприпрыжку бежал назад к кабаку и бормотал:

"Молодец, Агафошка! Теперь и за Пряхова получишь, и за скит, и воеводе взгреют спину! Не потакай ворам! Поди, выпей, Агафошка, за чужие денежки!.. Гуляй, душа!"

XXVIII

ПЕРЕПОЛОХ

Девушки с криком вбежали в избу, в то время как Василий Агафонович тихо спустился по лесенке из своей горницы.

— Что такое, что за шум? — тревожно спросил он.

Катя бросилась к нему и, еще дрожа от страха, крепко обняла его.

Страх охватил и Пряхова.

— Что такое стряслось? — повторил он.

Ольга оправилась первая и заговорила:

— Гуляли мы в лесу, а к нам человек пристал... и человек этот — Агафошка Лохматый, что тебя оговорил.

— Ну? — уже с новой тревогой повторил Пряхов, крепче обнимая дочь.

— Мы бежали, а он за нами. Мы Ефрема выслали...

Пряхов тяжело перевел дух и, стараясь казаться спокойным, ответил:

— Пустой страх, девоньки? Что нам этот прощелыга сделает, ежели воевода мироволит? А вам сказ, — прибавил он наставительно, — одним по лесу не бегать — злой человек всегда обидеть может. А если уж сильно погулять захотелось, брали бы хоть пса с собой. Так-то. Ну, идите в светелку, я после зайду!

Он нежно погладил успокоившуюся дочь, поцеловал ее, дружески кивнул Ольге и пошел из избы, изменив своему обыкновению — посидеть у больной, недвижной жены.

Войдя во двор, он подождал возвращения Ефрема и подозвал его к себе.

— Кто был?

— Тот, анафема! Да убег, проклятый, а то бы я его! Буян из его портов клок вырвал, а взять не мог. Тот, окаянный, его хворостиной, да и убег.

— Ну, ну! Теперь вот что: следить надоть — и днем, а особливо ночью. Мало ли он какую пакость готовит.

— Известно! Мне бы его только поймать.

— Так ты да Сережа, да Павел черед держите. Вся беда из-за меня, так добрых людей напрасно тревожить не след, а уж вы сами Полкана и Буяна берите, да и ходите вокруг скита! Вот что!

Пряхов успокоился и вернулся в избу к больной жене. И

124

правда? Что может сделать Агафошка, если его воевода прикрыл? Одно только: теперь православного старовера, как еретика, гонят. Не донес бы, что скит открыл! Да, но ведь воевода и про скит знает, от него кормится.

Но спокойствие Пряхова было непродолжительно. На другой день вечером приехал Грудкин и сразу прошел к хозяину, прикрыл дверь и сказал:

— Дурные вести!

— Али корабли потопили? — спросил Пряхов, зная, как Грудкин радеет об их торговле, но Грудкин только отмахнулся:

— Не! Слушай и реши, а я не знаю, как делать!

— Говори, Христа ради! — рассердился Пряхов. — Что это ты словно медведь в овсе топчешься?

— Слушай!

Грудкин сел на лавку и начал вполголоса свой рассказ:

— Приехали от царева войска два офицера к воеводе, и один тебя ищет. Воевода мне сказал. Слышь, боится он, что донос был о его послаблении. А офицер-то тебя ищет... у меня трижды был, да я схоронился. Говорит, что Якова знает, от него будто. Может, и так, а кто его знает? Вот и реши, как быть: сказаться или нет? Может, его поспрошать?

— Ни-ни-ни! — резко остановил его Пряхов. — Бог с ним! Может, он и с добром пришел, да табачник; придет, узнает... Как у царя не заслужить?.. И сейчас "слово государево"! Нет, Бог с ним! Поищет да и бросит.

— А как найдут? Да и скит? — тихо сказал Грудкин.

Пряхов опустил голову.

— Надо с Еремеичем поговорить, как-никак, дело общее. Скит погубить — что улей разорить. Там заводи снова после! А эти куда? По застенкам? Ах, дела, дела! — скорбно воскликнул Пряхов. — Пойдем! Покалякаем! — медленно поднимаясь, сказал он и направился к двери.

Грудкин пошел за ним.

Они перешли двор и вошли в главную избу.

— Во имя Отца и Сына! — сказал Пряхов, стукнув в дверь.

— Аминь! — звонко ответила женщина; когда же Пряхов с Грудкиным вошли к богородице, она воскликнула: — А ну, милости просим! Что скажешь, Василий? Да что это твои девицы-красавицы меня словно чураются? Совсем не видно их!

Пряхов принял от нее благословение и ответил:

— Не до того, матушка! Пришли совет держать, как быть? — и Пряхов рассказал и про поиски Агафошки, и про приезжего офицера.

Богородица задумалась, потом взглянула на Пряхова ясным взглядом и сказала ему:

— По мне так: беги ты, не беги — твое дело, а что скит наш непременно откроют эти антихристовы воители, это — ясное дело. Тоже надо готовиться к этому, да только бы людей не мутить. А ты — как знаешь. По-моему, тебе бежать лучше. Уезжай на Волгу, там филимоновцы тебя укроют.

— Поспрошаю еще Еремеича, — растерянно сказал Пряхов.

— Иди, иди, Господь с тобою! — благословила его богородица.

Старый Еремеич радостно воздел руки, когда услышал тревожные вести Пряхова, и воскликнул:

— Сподобился! Ныне буду в гонимых и страстотерпцах со всеми своими чадами! Слава Тебе, Господи, показавшему нам свет! Слава Тебе! Это Господь вел тебя к нам, чтобы через твой след испытать силу веры нашей! — вдохновенно сказал он Пряхову. — Богородица благословила тебя в путь и я тоже. Гляди, чадо! Свое духовное дело ты сделал, впереди тебе еще жизнь на миру, там тебе потрудиться надо, а потом где-либо укрыться и постоять за нашу правую веру. Ну, иди, чадо мое! Обрадовал ты меня ныне! — и он, горячо поцеловав Пряхова бескровными губами, благословил его.

— Чудило, прости Господи! — пробормотал Грудкин, выходя следом за Пряховым, — теперь и себя, и народ сожжет. Нет, хозяин, уезжать надо, да поскорее.

Пряхов кивнул ему и, тяжело вздохнув, сказал:

— Сжег бы и я себя, если бы не жена да не дочь! Нешто это — жизнь? Что заяц травленый!.. Беги да беги...

Грудкин промолчал.

Тем временем девушка, именуемая богородицей, миловалась со своим Федором и шептала ему:

— Федя! Слышь, на скит скоро облава будет. Старик-то гореть захотел, ну, а нам еще рано! — и она тихо засмеялась.

— Люба моя! — задыхаясь воскликнул Федор, вспыхнув, как зарево, — уйдем за самую Астрахань, прочь ото всех и там-то мы заживем!

Неизвестно, как распространились слухи, но только наутро везде шепотом рассказывали об опасности, грозящей скиту, а в светелке, где были девушки, шел горячий разговор между Катей и Софьей.

— Он, мой сокол, приехал! Чует мое сердце, — воскликнула Катя, едва услышав весть про поиски офицера.

— Ах, повидать бы его! — поддержала ее Софья, — он про Яшу, поди, все знает!

— Непременно. Только как увидишь-то?

И девушки замолкли, уныло свесив головки.

К ним пришли белицы. Матрена была сама не своя, бледная, с горящими глазами.

Ольга трепеща прошептала:

— Девоньки милые, сестрички родные! Слышь, старик всех решил в избе сжечь. Приказ уже отдал, и все ходы заперты и сторожа стоят.

— Как? — задрожала Софья. — А мы?

— Что вы? Вы, слышь, уедете. Мы-то, мы, горемычные! — и белицы все отчаянно заломили руки.

Матреша, сжимая кулаки, в свою очередь произнесла:

— Федька-то, слышь, с нашей богородицей в бега хотят, я подглядела. Да нет, не выпущу я их! Не мой, так и ее не будет!

— Убьют тебя!

— Пусть!

Словно встревоженный муравейник, закопошилось все население скита, забыв про сон и молитвы. На дворе снаряжали телегу Пряхову. По кельям и углам люди тревожно шептались. Многие, вдохновенные словами своего старца, готовились к мученической смерти, другие — менее изуверные — плакали и стонали; некоторые готовились к тайному побегу. И все суетилось и волновалось в предвидении неминуемой гибели.

XXIX

СТРАШНАЯ НОЧЬ

Темной ночью вернулся Савелов в дом воеводы и едва дождался утра, когда воевода после пирования, кряхтя, икая и крестясь, поднялся с пуховой постели. Савелов встретился с ним в трапезной и без всяких обиняков прямо сказал ему:

— Ты что же это, песий сын, так-то царю прямишь?

Воевода отшатнулся и глаза вытаращил.

— У тебя тут под боком воровской скит, царские крамольники, а ты им мироволишь? А? Это как звать? Что за это? То-то! А Пряхова не знаешь? Не знаешь, где он? — и Савелов с кулаками полез на воеводу.

Тот обмер. Ему показалось, что царский офицер узнал про

взятку с Пряхова и его побеге. Страх охватил его, колени подогнулись, и он, протягивая руки к Савелову, завопил:

— Милостивец, не губи! Не докладывай! Все сделаю!

— Давай мне отряд солдат, я сам скит разорю и до Пряхова доберусь!

Воевода встрепенулся.

— А сделай милость, государь! Я и сам хотел до них добраться, да все думал: вот ужо! А ежели ты хочешь сам...

— Да, хочу! — резко сказал Савелов. — Как только стемнеет, чтобы было на дворе двадцать солдат. Я их сам поведу, — и, круто повернувшись, он ушел в свою горницу.

Боярин покрутил головой, почесал затылок и хлопнул в ладоши.

На знак прибежал холоп.

— Позови Антошку! — приказал воевода.

Хитрый и ловкий Антошка был его любимым стремянным.

Когда он явился, воевода сказал ему:

— Возьми коня, скачи в скит к Еремеичу. Скажи ему, что я — дескать — прислал, в эту ночь на них с поимкой пойдут. Так и скажи! Хоронитесь, дескать!

Антошка ушел, а воевода, ухмыляясь в бороду, пошел в приказную избу поговорить с дьяком, как бы умилостивить царского офицера.

Савелов едва дождался вечера и, чуть стало видимо темнеть, прошел к воеводе.

— Ну, что? Готово?

— Готово, милостивец! Как наказал, так и есть! — ответил воевода.

— Так я иду. Заготовь ямы — народа тебе приволоку! — усмехнулся Савелов и вышел на двор.

Там кучей стояли бородатые стрельцы со старыми бердышами и топорами.

Савелов оглядел их и сказал:

— Ну, войско! Я вам за начальника; стройтесь по двое и гусем! Идем!

Он вывел их и зашагал с ними через город, направляясь к кабаку, где ждал его Агафошка.

Заслышав мерный топот, последний тотчас выбежал ему навстречу и спросил:

— Все есть?

— У меня-то все; ты ли не набрехал? — сурово спросил Савелов.

— Я-то? — воскликнул Агафошка, — да вот пойдем! Только дозволь мне сулейку махонькую прихватить.

Савелов вынул деньги, говоря:

— Возьми большую, чтобы и служивым было что!

Солдаты тотчас оживились.

— Мы тебе их, боярин, поймаем! Всех, во!.. — радостно заговорили они.

— Ладно! Там увидим! Ну, в путь! — и Савелов пошел, а за ним гуськом потянулись и солдаты.

Агафошка нагнал их и пошел рядом с Савеловым.

— Тут недалеко, — сказал он, — верст четырнадцать будет — и они! Мы их разом! Во!..

Савелов поправил на голове треух, подтянул пояс и зашагал быстрее. Мысль, что через три-четыре часа он увидит Катю и вырвет ее отца от злой беды, словно окрыляла его.

Агафошка шел за ним вприпрыжку и приговаривал:

— Ты бы потише! Неравно глаз выколем!

Скоро действительно пришлось умерить шаги. Ночь опустила непроницаемый, темный покров на землю, и к тому же отряд Савелова вошел в густой лес. Агафошка вел солдат тропинкой, и они то и дело спотыкались о корявые корни, переплетшиеся змеями на дороге.

— Ништо! — говорил Агафошка, когда слышались ругательства, — к рассвету на месте будем. Кабы месяц светил, было бы чудесно, а то вишь...

Рано утром в скит прискакал присланный от воеводы, и все всполошились, уже не сомневаясь в надвигающейся грозе.

Пряхов снарядил две телеги, перенес туда больную жену и собрался в дорогу на волжские скиты.

— Ты за меня пока что будешь, как хозяин, — сказал он Грудкину, — а там Яков вернется, да и я как ни на есть...

— Ты только весточку дай, где ты, а уж я тогда обо всем оповещу, — ответил Грудкин.

А девушки плакали, не смея никому поведать свои печали.

— Хоть бы что-либо про Яшу услыхать! — промолвила Софья.

— Ах, я знаю, что этот офицер — он! Тот самый! — повторяла Катя. — Кабы грамоте знали!

Софья оживилась.

— Постой! Мы Матреше накажем словами передать!

— А где Матреша?

— Она Федора караулит: слышь, тот бежать хочет!

— И Бог с ней! — отмахнулась Катя.

В это время Пряхов вышел от Еремеича, пряча за пазуху бумагу и отирая слезы, и крикнул девушкам:

— Ну, живо в возок! Едем!

Кругом поднялось нытье. Пряхов усадил своих, приказал ехать, и возок с телегами быстро покатился со двора.

Еремеич стоял на крыльце и исступленно кричал:

— Днесь спасение: огнем очистимся, к Господу вознесемся! Живей, детки, торопитесь, родимые!

Ослепленные фанатики суетливо бегали от кладовок к дому, таская вещи, рухлядь и вязки хвороста и набивая всем этим просторную избу, в которой решились сгореть.

В то же время в общей суете из скита задним крылечком вышла закутанная в плащ богородица, неся в руке тяжелый сундучок, и крадучись направилась на зады, за огород. Почти за ней следом шмыгнул и Федор.

— Лошадей с телегой я в лесу приготовил, — сказал он ей, — иди в конец, к рябинам, там и балясину выломал.

Богородица кивнула и побежала. Федор огляделся и, обежав огород, пошел в том же направлении.

Вдруг до его слуха донесся пронзительный крик. Он рванулся и стрелой помчался к месту, откуда несся крик. Так и есть! У широкой щели в заборе стояла богородица и старалась освободиться из рук белицы, которая вцепилась в нее и орала, как безумная:

— Не пущу! Ратуйте! Эй-эй-эй!..

Федор подскочил вовремя: у богородицы ослабели силы, и она была белее платка.

Белица впилась ей в горло и с искаженным лицом душила ее.

— Ратуйте, правое... — начала она снова, но не окончила, так как Федор схватил ее сзади и широкой ладонью зажал ей рот.

— Нишкни! — прошептал он с угрозой и оторвал ее от девушки. — Беги! Кони там! — сказал он богородице.

Белица обернулась и узнала Федора. Ее лицо исказилось. Она с яростью укусила парня за палец, а когда он отнял с криком свою руку, она вырвалась и побежала по огороду.

— Матреша, вернись! — грозно крикнул Федор.

— Нет, — закричала она, — не пущу вас! Ратуйте! Ра...

Федор нагнал ее и сильным ударом сшиб с ног.

Она упала и продолжала кричать.

— Да замолчишь ли, гадина! — сказал он и ударил ее сапогом в висок. Она сразу замолкла. — То-то! — пробормотал он и, бросив безжизненное тело Матреши, побежал к щели, чтобы соединиться с любимой женщиной.

Матреша лежала между гряд, и никому не приходило в

голову поискать ее: все суетились, каждый был занят своим делом.

Пряхов уехал. Грудкин поспешил в город.

Свечерело. Еремей заперся со всеми в избе, обмазал везде, где было можно, дегтем и выслал сторожей на дорогу.

В огромной горнице было тесно и душно. Еремеич старался вселить в душу своей паствы бодрость и без умолку говорил ей о страстотерпцах Аввакуме, Морозовой и Никите.

— И мы к ним сопричислимся! Сгорим в огне во славу Господа Иисуса и не дадимся антихристовым сынам в руки!

Долго длилась его беседа, пока его измученные ученики не стали вопить и причитать в страхе смерти.

— Пойте! — сердито закричал Еремеич и затянул гнусавым голосом: — "Матерь Божия Иисуса, уготовь чертоги светлые для детей Твоих..."

Песню подхватили, и ее напев широкой волной вынесся и разлился по лесу.

— Что это? — с недоумением спросил Савелов.

— Это они и есть! — засмеялся Агафошка. — Должно быть, предупредили их! — заволновался он. — Поспешай, господин!

В кустах что-то зашумело, послышался топот ног.

— Бежим! — крикнул Савелов и побежал вперед, обнажив шашку.

В темноте ночи сверкнуло красное пятно. Оно становилось все шире и шире, и через каких-нибудь пять минут лес осветился зловещим заревом.

— Жгут себя! И его жгут! — не своим голосом закричал Савелов и побежал еще быстрее.

Солдаты еда поспевали за ним.

Агафошка перегнал всех и кричал:

— Государево слово! Пряхов мой!

Они подбежали к запертым тяжелым воротам, за которыми огромным костром пылала изба, и из нее неслись крики, перебивавшие стройный напев.

— Ломай! — закричал Савелов.

— Так будет скорее! — крикнул Агафошка и, в один миг перелезши через забор, отпер ворота.

XXX

БЕЗ СЛЕДА

Савелов и солдаты вбежали и в недоумении остановились перед огненным костром.

— Там они, там! — крикнул Савелов. — Спасите, помогите! Гасите!

— Убегли! — вопил Агафошка.

Солдаты бросились к пылающей избе и отскочили.

— Багры!

Они разбежались по всему двору. Савелов стоял и глядел на пожар безумным взором. Вдруг раздался треск. Послышались вопли ужаса, возглас: "Господи!" — и крыша упала вовнутрь пылавшей избы. Савелов вскрикнул, словно был вместе со сгоревшими.

В это мгновение два солдата привели под руки растрепанную, окровавленную Матрешку.

Агафошка кинулся к ней.

— Где Пряхов? — сердито закричал он.

— Уехал и с дочкой, и с женой, и с Софьей! — ответила удивленная Матрешка.

— Стой, девонька! — оживился Савелов, — расскажи все, что о них заешь.

— Ох, что знаю! — жалобно застонала Матрешка, опустившись на землю. — Убегли, и богородица, девка, подлая, разлучница, и Федька-вор! Убил меня, сиротинку!

— Стой! — перебил ее Савелов. — Ты о Пряхове. Сильно его мучили тут? А?

Матреша вытаращила глаза.

— Ну, что же ты?

— Что говоришь? — удивилась Матрешка. — Да он был первый гость у нас.

Савелов изумился в свою очередь.

— Как? Расскажи все! Не бойся! Я теперь тебя не оставлю так...

Матрешка начала рассказ, и перед Савеловым открылась истина. Значит, этот бродяга хотел просто схватить Пряхова с его помощью! Значит, он шел не добрым пособником, а хищным волком?

Савелов зарычал от ярости и кинулся на растерявшегося Агафошку.

132

— Ах, ты!.. — выругался он и сильным ударом опрокинул оборванца наземь. — Дать ему сорок батогов! — крикнул он солдатам и повернулся назад. — На него четырех солдат довольно, а остальные со мной! — и, приказав вести за собой Матрешку, он быстро двинулся в город.

Воевода ждал его ни жив, ни мертв. Когда Савелов явился к нему и рассказал, что случилось, боярин вздохнул.

— Ах, еретики поганые! — сказал он с притворным сокрушением, — всегда сожгутся! Гляди, сколько добра спалили!

— Не лукавь! — с укором ответил Савелов и заговорил: — Если бы ты сразу мне Пряхова указал, ничего такого не было бы. Я его для чего искал? А? — и Савелов с таким горьким чувством рассказал про свою любовь, что воевода растрогался.

— Ну, подожди ж, Агафошка! — грозно закричал он. — Узнаешь, сучий сын, мою расправу! А ты не кручинься: я тебе найду Пряхова!

— Какой! — махнув рукой, ответил Савелов. — Я сам искать поеду. Возьму эту Матрешку и с нею по Волге, по скитам. Она своего дружка тоже искать будет. Ведь она — белица их, ей везде дорога.

— Ну, ну! — успокоенно произнес воевода, — коли так, то и лучше быть не надо!

— Снаряжусь, да сегодня же и в путь, — решительно сказал Савелов.

Воевода встал и низко поклонился ему:

— А на меня не серчай. Испугался я, думал, донес кто.

— Ну, Бог простит! — ответил усталым голосом Савелов.

XXXI

В РАЗВЕДКЕ

В то время как Савелов искал любимую им девушку и терпел неудачи, его друг и названный брат тоже попали в немалую переделку, исполняя трудное поручение царя и начальника.

Вначале, едва они оставили лагерь и углубились в лес, не упуская из вида берегов Невы, дорога их была ровна и пустынна и не представляла никаких опасностей. Матусов даже сказал Якову:

— Что это, прости Господи, и народа нет!

— Подожди, объявятся! — ответил усмехаясь Яков. — Здесь жили карелы больше, ну, известно, от этой пальбы разбежались. А там, дальше по Неве да к устью, все швед пойдет.

— А все же и тут запоминать надо, — заметил Матусов.

— Что? Я тут каждый куст знаю. Нам надо главное, чтобы народ не бежал. Его уговорить.

Они шли до той самой дороги, по которой Яков пришел к Нотебургу из Спасского. Проходя лесом, молодой Пряхов рассказал спутнику про беглых солдат и про встречу с ними.

— Беда, много бежит народа! — сказал Матусов вздохнув. — Бьют их, сердешных, беда! И палкой, и розгой, и на колы ставят, и на кобылу садят! За всякую малость! Особливо у немцев. Ну, и бегут!..

— Меня же не били!

— Подожди, и тебе влетит. Кого не бьют? Фендриков и тех, — и Матусов долго говорил про тягости тогдашней военной службы. — Хуже нет, — заключил он, — берут поневоле: война да походы. Не доешь, не доспишь, а гляди в оба!

Якову наскучило слушать эти речи.

— Стой! Поговорим лучше о Софье! — вдруг предложил он, и тогда Матусов стал слушать его, пока ему не надоело.

Говорили они и про убитого брата, и про начальников, и про царя, и в этих беседах все теснее и теснее сходились друг с другом.

Так шли они три дня. На четвертый день Матусов вдруг увидал столб вьющегося дыма.

— Смотри, жилье! — воскликнул он.

— И впрямь, — подтвердил Яков и сказал: — Мыза какая-то. Теперь надо, братец, держать ухо востро! Шведы тут везде, как волки, рыщут; как раз к ним в лапы попадем.

— Небось, — ответил Матусов, — отобьемся!

Они вышли из леса и осторожно огляделись.

На другом краю поляны действительно стоял большой деревянный дом, обнесенный высоким плетнем. Из трубы тянул дым, подле плетня бродили коровы и свиньи.

— Пойдем на счастье! — сказал Матусов и смело пошел вперед.

Яков пошел за ним.

Это было первое встретившееся им жилье, но их было многое множество. Хотя Пушкин и написал в "Медном

134

всаднике": "На берегу пустынных волн", — но это надо отнести скорее к поэтическому образу, нежели считать за действительность. Берега Невы в то время были заселены довольно густо.

Местность, избранная Великим Петром для основания столицы, представляет громадную площадь земли, всю изрезанную Невой, ее рукавами и протоками на большие и малые острова. Главным островом в свое время была нынешняя Петербургская Сторона, тогда Кайби-саари, или Березовый Остров. Затем рядом с ним узкой полосой протянулся Петровский Остров, тогда Кисси-саари, а от него — через Неву — большой остров Васильевский, тогда Киби-саари, или Хирви-саари, т. е. Лосий, потому что в те времена на нем водились лоси. Еще ранее этот остров был действительно Васильевским.

Собственно вся эта местность была исконно русской и только по Столбовскому договору была уступлена шведам; поэтому многие из мест, помимо шведских, имели свои русские названия; к числу таких относится и остров Васильевский. Он принадлежал новгородскому посаднику, Василию Селезню Казимеру. Царь Иоанн III, заподозрив его в измене, казнил, а имения отобрал, но сохранил за островом название Васильевского.

Перед Петербургской Стороной и перед Васильевским Островом тянется довольно большой остров (который мы за остров не считаем), а именно — Адмиралтейская часть, заключенная между Невой и Мойкой, — ранее Корпи-саари.

За Петербургской Стороной раскинулся Крестовский Остров — Мистула-саари, рядом с ним Елагин — Потсас-саари. Затем, как бы отрезок Петербургской Стороны, остров Аптекарский, тогда Корпи-саари, т. е. Еловый, с рекой Куорци, превратившейся в Карповку.

Петр Великий остановил свой выбор на крошечном острове Янни-саари (Заячий), перед Петербургской Стороной, где заложил крепость, и с этого места началась энергичная застройка города.

Но было бы ошибочно думать, что вся остальная местность, занимаемая нынешним Петербургом, была пустынной и не заселенной. Напротив, среди болот и леса там и сям были раскиданы деревни, поселки и даже богатые мызы, отчасти русского, отчасти позднейшего происхождения.

Там, где речка Охта впадает в Неву, стояла крепость Нин, или Ниен, или Ниеншанц, комендантом которой был Яган Опалев, внук русского боярина, передавшегося шведам. Эта крепость стояла на том месте, где находится ныне на Малой Охте верфь. Против нее через речку, где ныне Большая Охта, стоял город Ниен со складами, амбарами, с торговым населением, с торговым значением. В его гавань входило до ста судов, принадлежавших городу. Он продавал в Швецию и в ганзейские города товары и привозил оттуда колониальные продукты. Во время шведской войны жители стали покидать город, уезжая в Выборг, Псков, Новгород, а в 1702 году Опалев счел за лучшее сжечь город, который горел три дня.

Против Ниена, на другой стороне Невы, где ныне Смольный монастырь, находилось большое село Спасское с православной церковью и чисто русским населением.

В том же 1702 году тот же Опалев сжег это село, чтобы построить там редут.

Дальше по Неве, где теперь Калашниковская пристань, находилась деревня Монола В эту же сторону Невы, вглубь страны, среди лесов ютились на месте Александро-Невской лавры — деревня Вихтула; на месте нынешнего Американского моста через Обводный канал — деревня Антала; на месте Волкова кладбища — деревня Алтынец (Гольдгенс), где деревня Волкова — Ситала и на теперешнем немецком кладбище — Кураласси. Все эти деревни узкими тропинками по кочкам болот и среди леса соединялись между собой и с Большой Новгородской дорогой.

Эта дорога пролегла по месту бывшего Литовского канала и, доходя до нынешней Кирочной улицы, расходилась на три пути. Один путь — направо — вел в село Спасское, откуда была переправа в Ниен; другой — прямо — выходил на Сыврину мызу, которая находилась на месте угла Вознесенского проспекта и набережной; третий путь вел через Фонтанку, через мост, на мызу шведского майора Конау, которая находилась на месте Летнего сада.

Между этой мызой и мызой Сыврина находилась деревня Кандуа (Кюан) и Вроловцына мыза.

По реке Фонтанке, в направлении к морю, шли: деревня Вроловцани (Колонеха), где ныне Инженерный замок; у нынешнего Семеновского моста — дер. Сакури; у Калинкина моста — мыза Каллина (откуда и название моста и больницы) и недалеко — мыза Первушина. Наконец, у Нарвских ворот, где теперь Сутугин мост, стояла деревня Винола.

На Петербургской Стороне были запаханные поля и огороды, и громадное место занимала богатая мыза Бинкольгольм, как есть при спуске с нынешнего Сампсониевского моста в Дворянскую улицу.

136

Берег Невы на теперешней Выборгской Стороне был заселен еще гуще с деревнями и богатыми мызами. Где теперь тюрьма — стояла большая усадьба Адицова (Ихова); где артиллерийская академия — усадьба Арнска (Апока). Дальше по берегу, где Батальонный переулок, была расположена деревня Эйские; рядом — деревня Путтус; где теперь Флюгов переулок — деревня Торки; где были Головинские дачи — деревня Вихари и на месте Строгановского сада — дер. Кискена.

Возьмите план Петербурга, отметьте на нем перечисленные мызы и деревни и увидите, что в этом крае, особенно по берегам Невы, кипела жизнь.

С появлением русских войск жизнь притихла. Выстрелы под Нотебургом спугнули население, и оно поредело.

XXXII

У НЕПРИЯТЕЛЕЙ

Гей, гей! — смело закричал Матусов, выйдя на полянку, — кто есть жив человек!

От его зычного крика корова рванулась в сторону, разбежались с хрюканьем свиньи, а через минуту открылась дверь, и из избы вышел крестьянин. Маленького роста, в огромной овчинной шапке, в толстом кожухе и неуклюжих лаптях, он походил на сказочного мужичонка. Увидев перед собой двух каких-то мужиков с котомками и дубинками, он довольно смело сошел с порога и спросил:

— Чего вам?

— Ночлега, душа православная! — ответил Матусов, — да поесть.

— А вы откуда?

— Мы-то? — и Матусов запнулся, но Яков тотчас выручил его:

— От Нотебурга, мил человек. Жили это мы себе. Пришли войска, пальбу подняли. Упаси Боже! Наши лодки забрали. Хоть плачь. Взяли и ушли. Ну их!..

— Что же, идите! — нехотя сказал мужичок. — Только есть-то нечего — хлеба нет, рыба только имеется.

— Мы и рыбы! — ответил Матусов, и они вошли следом за мужиком в его избу.

Внутренность нынешних изб даже в сравнении с теперешними была убога. Неладно сложенная печь занимала чуть не половину помещения. Трубы не было, и дым из устья стлался по избе, разъедая глаза и заставляя задыхаться. Вдоль стен стояли черные от сажи лавки, по стенам висели рыбачьи снасти, с потолочных балок свешивались сиги, треска и жирные лососи, подвешенные для сушки.

Яков с Матусовым разделись и, вынув из мешков сухари, водку и сушеное мясо, сказали мужику:

— Ну, поедим вместе. Ты рыбу давай!

Лицо мужика озарилось радостью.

— Да вы со своим добром? — весело воскликнул он. — Ну, это хорошо! А я-то отощал во как! — и, сбросив свой малахай и шапку, он, широко улыбаясь, присел к столу.

— А где хозяйка твоя?

— Баба-то? Бабу я угнал в Ситалу. Может, там хлеба достанет. С рыбой ее послал.

— А в Спасском? — спросил Яков.

— А где Спасское? — ответил мужик, махнув рукой. — Опалев спалил Спасское и острожек поставил. Теперь там солдаты да пушки. Русских ждут. У нас, почитай, у всех лодки отняли. Ну, мы и бежать! Кто куда. Мне-то некуда, так остался. Кроме того, я челн уберег... махонький.

Он замолчал и начал с жадностью есть, громко чавкая от удовольствия.

Яков переглянулся с Матусовым и спросил у мужика:

— А как звать тебя?

— Денисом звать.

— Так вот, Денис; хочешь, мы у тебя останемся? За постой по два алтына в день платить будем и, когда что, рыбачить с тобой, да за харчи особо.

— Чего же лучше-то? Живите! Только места-то у меня — эти лавки. Я с женкой на печке, а вы тут.

— И не надо иного.

— А коли швед узнает, беда! — испуганно воскликнул Денис. — Кто? что? — и сейчас в крепость.

— Да нешто здесь бывают?

— Редко, а все же шатаются тут; все нюхают, нет ли войска царева, ну, и заходят...

— Спрячемся! — ответил Яков. — Да ведь мы — такие же мужики, как и ты, рыбачим, а они солдат ищут.

— Такие же! — повторил Денис. — А по два алтына за день да харчи свои? Ну, да живите! — решительно прибавил он.

Матусов и Яков расположились в избе.

К вечеру вернулась жена Дениса с кулечком муки.

— Эй, Матреша, — радостно сказал ей Денис, — гляди, нам Господь гостей послал. И уходить теперь не надоть.

Матрена подозрительно оглядела гостей и сурово сказала:

— Беды с ними не нажить бы!

— Почему, молодка? — весело спросил Матусов. — Мы не злодеи, а свои, православные! Поживем зиму, да и уйдем.

— А швед увидит, и нам всем худо будет.

— А мы спрячемся от шведа.

— Э, все равно! Не от шведа, так от голода! — сказала Матрена, махнув рукой. — Живите...

И друзья зажили у Дениса с женой.

Вернее — они лишь ночевали в избе Дениса. Ни свет ни заря они уходили от него и шли в окрестные деревни Анталу, Вахтулу, Куралассы, забредали дальше, на мызу Каллина.

Люди бежали отовсюду. Яков только дивился.

— Смотри, — говорил он, — тут вот дворов десять было, а теперь — на! Один живет!

Но они шли и к этому одному, убогому, обыкновенно запуганному мужику, давали ему деньги, говорили про то, как будет ладно, когда всех шведов выгонит русский царь, и советовали по-всякому вредить шведу.

— Понадобится что, иди в Монолу к Денису. Знаешь? Он тебе и муки даст, и всего!..

Денис с Матреной глядели на своих гостей, как на Божьих посланцев. С ними они позабыли и голод, и заботы, только страха прибавилось.

Однажды Яков с Матусовым дошли до самой мызы Адицова и там, чтобы обойти всех, прожили трое суток. В течение этого времени чего-чего не передумали Денис с женою.

— Не иначе как к шведу попали, — решил Денис.

— Каркай на голову! — сердито сказала Матрена, даже плюнув, а когда Яков с Матусовым вернулись, она кинулась им навстречу с радостным криком и не знала, чем потчевать их. — Мой-то, дурень, сердце мое переворотил. К шведу, говорит, попали. Тьфу!..

Яков засмеялся.

— Были у шведов, верно, да швед глуп, как пень.

— Ой! Беречься тоже надо!

Яков и Матусов, уже не опасаясь своих хозяев, открылись им, что они — царские слуги и пришли для того, чтобы все про шведа узнать. Денис вызвался даже помогать им, и действительно, каждый раз, как из Ниеншанца переезжали на этот берег шведы, оповещал своих постояльцев, а те береглись.

Время шло. Наступила суровая зима, навалило сугробы снега. Следить за шведами уже было нечего, но кругом поднялась такая нужда, что Матусову и Якову, помогая беднякам, было работы вдосталь; но этой помощью они приобретали все больше и больше друзей среди редкого русского населения.

Денис справил им лыжи, и они по снежным равнинам каждую неделю обегали всю громадную площадь от мызы Адицова до Каллина, от деревни Каскена до своей.

Бедные люди ездили в Новгород и на их деньги привозили оттуда муку, крупу и сало.

— Откуда у вас, чертей, деньги? — удивлялись шведы и подозрительно оглядывали их, давая муку или крупу.

— Была казна, вот и тратим! — уклончиво отвечали мужики.

А Матусов с Яковом, совершив все экскурсии, потом сидели у себя в избе, и Матусов старательно писал, совещаясь с Яковом. Записали они, какие места вокруг и как называются; какие на реке и где повороты и мели, какие дороги; как шведы строили укрепление на месте Спасского и как укрепили его; какие верки и форпосты устроили против Ниеншанца и сколько у них орудий и солдат, и припасов. Это все им Денис узнавал.

Время летело стрелой. Уставая в разведках, друзья отдыхали в курной избе, шутили с Матреной, вспоминали убитого Степана, говорили про Софью, про сестру Якова и про Савелова.

День увеличился. Прилетели грачи, запахло весною; почернел снег, вздулся лед на Неве.

— Ну, скоро и уходить нам, — сказал однажды Матусов Денису, и тот даже потемнел от горя, а Матрена вытерла выступившие слезы.

— Ничего! — весело ответил Яков, — сейчас и назад!

Но Якову не суждено было вернуться к царским полкам. Однажды он с Матусовым вышел побродить по окрестностям, и они прошли на место бывшего Спасского. Якова охватили воспоминания. От торгового села не осталось и следа, но Яков знал каждое дерево, каждую точку и водил Матусова, указывая ему, где что стояло до нападения шведов.

— А отсюда я шведского офицера шугнул, — сказал он, подходя к крутому обрыву над Невой, — Ливенталем звали! — Он взглянул вниз и вдруг отпрянул, схватив Матусова за рукав. — Гляди!

Матусов взглянул и попятился.

— Бежим!

Прямо на них из укрепления бежали шесть шведов, махая саблями. Друзья бросились в сторону и вдруг увидели целый отряд.

— Ливенталь! — закричал Яков, узнав офицера. Последний, видимо, тоже узнал его и, указав на него солдатам, что-то приказал им.

Солдаты сразу рассыпались.

— Окружают! — сказал Матусов. — Ну, возьмем палки. Они приподняли дубинки и стали осторожно уходить, но их с криками окружили солдаты. Друзья взмахнули дубинками, и два солдата упали.

— Бей их! — остервенело крикнул Матусов и завертел своей дубинкой.

Яков размахнулся тоже, но в это время опрокинутый им солдат подполз к нему и дернул его за ноги.

Яков грузно упал на землю и успел только крикнуть Матусову:

— Беги!

Пять солдат накинулись на него, а Ливенталь склонился над ним и, злобно засмеявшись, сказал по-русски:

— Теперь повисишь на веревочке, русская свинья. Матусов оглянулся на крик, увидел опрокинутого Якова и, расчистив себе дорогу дубинкой, бросился бежать. Вслед ему раздались два выстрела, но он уже был вне опасности.

Связанного Якова с торжеством потащили в крепость, к суровому коменданту Опалеву.

XXXIII

НЕУТОМИМЫЙ

Тяжела была зима в Нотебурге. Уж на что люты морозы в Москве, а таких холодов ни Меншиков, ни его солдаты и не помнили. Как задует сверху, по Неве, сиверко, понесет сухой снег, закружит — ни в каких хоромах от холода не спрячешься. Так и ходи в меховом кафтане да валяных сапогах!

Зато невыразимой отрадой пахнула на всех северная весна. Вдруг воздух потеплел, снег почернел. Нева вздулась. Однажды под утро на реке раздались словно залпы орудий. Все испуганно повскакали со своих постелей, а потом выбежали на берег, и глазам всех представилась величественная картина вскрытия реки. Нева буквально сбрасывала с себя оковы. Вздувается ледяная кора горой, круче, круче и вдруг с пушечным выстрелом разломится сразу, рассыплется на десятки кусков, и эти куски, как осколки ракеты, полетят в разные стороны.

Один упал подле Меншикова, и тот весело рассмеялся.

— Будто шведы палят, — пошутил он.

А залпы выстрелов раздавались друг за другом, и освобожденная Нева с победной гордостью несла вниз осколки разбитых покровов.

Солдаты стали спускать челны и лодки. Меншиков приказал снарядить баркас. Повеяло весенним теплом, зазеленели чуть-чуть берега, и всем стало весело, и все забыли про суровую стужу.

Меншиков, сидя с Багреевым за столом с чаркой вина, сказал:

— Ну, скоро и сидению нашему конец. Сейчас все наши подойдут, и пойдем дальше на Ниен-крепость.

Багреев угрюмо кивнул головой.

— Скорей бы!

— Скоро теперь!

И правда, однажды утром послышались как бы вдалеке звуки горна и песен.

Солдаты выскочили на берег.

— Там! Там! — кричали они, указывая на ту сторону реки, откуда слышался глухой шум.

— Баркас! — приказал Меншиков, и в разукрашенном баркасе со своими офицерами перебрался на другой берег, где тотчас велел раскинуть палатку и приготовить стол.

Шум приближался, и скоро все увидели головные колонны войска, а там потянулись орудия, обозы, и к палатке Меншикова на таратайке подъехал Апраксин.

— Куманек! Ну, здравствуй! — закричал он издали.

— Хлеба-соли откушать! — весело ответил Меншиков.

Они крепко обнялись.

— Что, шведы не трогали?

— Где им! А вот морозы...

— Ну, теперь ни их, ни шведов не будет! Или я первый?

— Первым объявился.

— Как наказ был! — сказал Апраксин. — Ну, я со своими распоряжусь, а там и угощай!

Берег скоро оживился. Забелели палатки, затрещали и

задымили костры, понеслись вниз по реке громкая речь и веселый смех.

Быть может, он донесся по воде до шведов; Матусов же, услышав этот шум, вскочил с кочки, на которую прилег отдохнуть, и чуть не бегом пустился по берегу к родным ему войскам.

Берег оживился и мало-помалу весь заполнился войсками, отдохнувшими без военного дела на постоях. Пришли Брюс и Шереметев.

Часть войска перекинулась на другой берег. В крепости расположились офицеры, и у Меншикова, что ни день, шел пир горой и лилось море вина.

— Доволен подарком-то, Данилыч? — спросил Меншикова Шереметев.

Тот лишь головой покрутил.

— Уж не знаю, как и отблагодарить тебя! Горда только. Я, знаешь, хочу, — и он зашептал Шереметеву на ухо.

Фельдмаршал засмеялся и сказал:

— И прокурат ты, Александр Данилович!

Матусов пришел к Меншикову с рапортом, и тот, внимательно выслушав его, отобрал у него записки.

— Ну, а тот? — спросил Меншиков.

Матусов вздохнул.

— Что же, думаешь, убили?

— Не иначе, — тихо ответил Матусов.

Вечером он свиделся с Багреевым, и они горячо обнялись после долгой разлуки, а потом, когда легли друг против друга, в сумерках весенней ночи, они разговорились. Матусов рассказал про свои приключения и, окончив, глухо прибавил:

— Вот как убили тогда Степана, думал — умру от горя, не знал, как жить без него буду. Потом с этим Яковом сдружился. Мы ведь с ним совсем как братья жили, и вдруг такое... Ежели бы не царев приказ, да разве я ушел бы от него? Я бы либо умер с ним, либо отбил его от шведа; да, вишь ты, напали на меня, я и не мог! И его уволокли. Ах, Яша, Яша!

— У всех у нас свое горе, — заговорил Багреев. — У меня, Сеня, даже хуже твоего! Тогда мне Савелов-то чуть не в смех был, а теперь самому плакать впору. Привез я Меншикову полюбовницу, а она мне, как жизнь, дорога! Живу всю зиму и гляжу, как он ее то обидеть норовит, то поцеловать; она — в сторону, а он, коли что, и бить ее может.

Обоих охватила тоска. А белесоватая, северная, весенняя ночь и томила, и нежила.

Пришло известие, что скоро будет к войску царь.

Началось ученье. Что ни день, солдаты маршировали, брали примерную крепость, стреляли и воинственным гулом наполняли весь воздух.

А царь уже ехал к своим любимцам, ехал, не зная устали.

В течение времени с ноября по март месяц, где только не побывал он. Проехав в Москву, он после торжественной встречи целый месяц пировал со своими друзьями, после чего поскакал в Воронеж, чтобы укрепить его на случай набега крымских татар. С огромной свитой ехал он через Коломну, Иван-озеро, дачи Кикина, Лефорта, Меншикова, на Иван-озере остановился на день передохнуть и снова поехал. Потом Петр остановился у истоков Воронежа и здесь основал город Раненбург. 3 февраля 1703 года он начертил план, наметил пять болверков, означил ворота и все пять болверков почтил таким пьянством, какого давно не помнили и в Москве. Пятого он уже был в Воронеже, осматривал верфи, а спустя неделю ездил на место впадения Дона в Воронеж и основал город Тавров. Оттуда с такой же быстротой он направился в Шлиссельбург, отписав в Москву Ромодановскому и Виниусу, чтобы они озаботились боевым припасом для его походов на шведа.

Девятнадцатого марта 1703 года Петр уже подъезжал к берегам Невы, где его ждали все военачальники и Ментиков, молодой комендант Шлиссельбурга.

XXXIV

ПРИЕЗД ЦАРЯ

Меншиков ждал царя с анисовой водкой, с винами, с угощениями, затевая "велие возлияние Бахусу", но, к его удивлению, с длинным поездом приехала свита без царя.

— А где государь? — растерянно спросил Меншиков.

Иван Толстой и князь Гагарин засмеялись.

— Да разве не знаешь его? Отъехал в ночь, нам не доложив. Должно быть, здесь где-либо.

Апраксин и Шереметев переглянулись и в один голос сказали:

— У нас, слава Богу, все хорошо!

Меншиков оправился.

144

— Все в порядке увидит! — сказал он.

А царь действительно один, в своей одноколке, в сопровождении неразлучного денщика Фатеева, поехал к берегам Невы. Увидев белеющие палатки, он весело засмеялся и сказал:

— Мои генералы не запоздали, вовремя прибыли!

Едва доехав до первых рядов лагеря, Петр сошел с одноколки и отправился по рядам, заглядывая и в палатки, и в котлы, и перекидываясь с солдатами, которые если и узнавали его, то боялись о том объявить, зная нелюбовь царя ко всяким ненужным почестям. Он подошел к артиллерии Апраксина. Темные пушки угрюмо стояли на длинных лафетах.

— Много ли снарядов припасено? — спросил царь у бомбардира.

— Бомб нет, — вытянулся тот, — опять фитилей и трубок, а пороха самая малость!

Царь вдруг стал темнее тучи.

— А присыла не было?

— Не могу знать!

Царь кивнул и пошел дальше.

У солдат не оказалось ни лопат, ни кирок.

В это время государя увидел Меншиков и радостно побежал к нему навстречу. Апраксин, Брюс, Шереметев, Толстой, Кикин, Гагарин поспешили тоже.

— Государь мой, с приездом! — сказал Меншиков.

— Здравствуй, Алексаша! — ответил царь, целуя любимца и тотчас спросил: — А присыл от Виниуса из Москвы был?

— Нет еще! — ответил Меншиков.

— Значит, боевого припаса...

— Самая малость.

— А лопат, а кирок?

— Тоже.

— А аптекарского снадобья?

— Вовсе нет!

— Добро! Ну, ну, Виниус! — проговорил царь и резко сказал: — Веди-ка меня в дом!

Все кругом стихло, все видели, что царь разгневан. Лицо его дергала судорога, рот кривился, руки конвульсивно сжимались.

— Добро, Виниус! — повторил он, садясь в лодку, и, приехав, прямо прошел с Фатеевым в рабочую комнату.

Фатеев тотчас стал быстро писать под его диктовку в Москву князю Ромодановскому строгий наказ произвести допрос дьяку Виниусу.

Подписав бумагу, царь приказал тотчас послать ее с нарочным и, вызвав Меншикова, спросил его:

— А у тебя что?

Меншиков доложил. У него все слава Богу! Зима была лютая, ну, да миновала. Шведы сидели смирно, людишки не хворали. Народ, что разбежался с голодухи, стал в крепость заглядывать, и он тех не гнал.

— А делал что? — задал вопрос царь.

— Скучал, пил за твое здоровье и по малости, что надо, подправлял, стену всю выправил.

Лицо царя прояснилось.

— Ну, хоть ты утешил. А те, что я посылал, вернулись?

— Один — поручик Матусов, а сержант Пряхов шведами в плен взят, в Ниеншанце!

— Ну? Жаль молодца! А тот? Позови-ка!

Меншиков выбежал.

— Твои приятели, Александр? — спросил царь у Фатеева.

— Так точно.

— Верить-то можно?

— Кто же тебя, государь, обманет!

— Ой, есть и такие. Хоть бы Виниус этот. Ну, ну...

Дверь отворилась, и, отбивая шаги, вошел Матусов и вытянулся.

— Как же это ты товарища отдал? — прямо спросил его царь.

— Кабы не твое царское дело, я бы или с ним лег, или отбил бы, — вспыхнул Матусов, — а тут как тебя без ответа оставить? Ну, и убег я.

— Верно! Говори же, что видел, узнал? Как жители? Кто — они? — и царь засыпал Матусова вопросами, на которые тот только успевал отвечать.

Часа через полтора Петр, ласково похлопав его по плечу, сказал:

— Молодец! Честно дело выполнил! Ну, а как думаешь, Пряхов жив?

Матусов передал ему сцену пленения и все, что знал о шведском офицере.

— Не сладко, поди, теперь Пряхову-то, — проговорил царь и прибавил: — Ну, да выручим! А за Богом молитва, за царем служба не пропадают! Эй, Алексаша! — закричал он, — теперь бы и анисовой!

Ментиков по голосу решил, что царь развеселился, и опрометью бросился распорядиться пиром.

— Готово, государь! — сказал он, возвращаясь через минуту с сияющим лицом.

— Готово, так идем!

Царь двинулся в знакомую горницу, где пировал по случаю взятия крепости, вошел и остановился в изумлении. Ему навстречу вышла красивая стройная девушка в дорогом сарафане, с подносом в руках, на котором находились рюмка анисовой водки и кусок густо посоленного хлеба.

— С дороги откушай, государь! — раздался грудной, ласковый голос, и на Петра, как звезды, блеснули голубые глаза красавицы.

Лицо царя осветилось.

— С радостью, красотка! — сказал он и, выпив водку и закусив хлебом, наклонился. — Ну-ка, по обычаю! — и с этими словами крепко поцеловал девушку. — Как тебя звать?

— Катериной, государь!

— Ну, Катюша, ты сегодня уж со мной радом сядь. Алексаша, — весело окликнул Петр, — да откуда ты такую красавицу достал? А?

— По всему свету искал, государь! — смеясь ответил Ментиков. — Слаб я, ну... — и вдруг он запнулся, увидев гневную складку на царском лице, и поспешил добавить: — Для тебя старался!

Царь широко улыбнулся.

— Угодил! Вот угодил! Садитесь! — сказал он всем собравшимся, и все стали садиться по скамьям и стульям.

Царь посадил подле себя Екатерину и обнял ее. По бокам сидели Шереметев, Апраксин, Брюс, Гагарин, Толстой, Меншиков и не спускали глаз с Екатерины.

А с другого конца стола на нее с мучительной тоской были устремлены сверкающие взоры Багреева, но она их не замечала, увлеченная близостью царя-богатыря. Он наливал ей вино, чокался с ней, целовал ее и заставлял пить, а она весело исполняла все его приказания, чувствуя над собой его власть и не понимая, что с ней.

— Ай да Алексаша! — время от времени восклицал царь.

Пир разгорался.

— Что с тобой? — спросил Фатеев Багреева, видя, что тот белее скатерти, не ест и не пьет.

— Оставь! — остановил его Матусов, — у него своя беда. После расскажем.

— Неделю подготовимся и в поход, — воскликнул царь, — так берегом и пойдем! Гордон впереди, а там — мы.

— Крепость-то пустая!

— Вестимо, не Нотебург!

— Брось, государь, дело! Пей! — сказала Екатерина и подала ему кубок.

— Ах, ты, проворная! Ну, выпьем! А теперь пой! Екатерина запела.

Багреев схватился за голову и, как безумный, выбежал вон.

— Что с этим фендриком? — спросил царь.

— Упился! — крикнул в ответ Фатеев.

— Плохой солдат, коли пить не горазд, — проговорил Петр, закуривая трубку. — Алексаша, позови, кто петь горазд!

XXXV

ВСЕ ВМЕСТЕ

Помещение Багреева, где он в томительном одиночестве провел всю холодную зиму, вдруг ожило и наполнилось. Багреев собрал у себя всех друзей, которые жили вместе еще со Пскова.

Первым пришел к нему Семен Матусов, а за ним — Фатеев, прибывший с царем. Царь отличил его и держал постоянно при себе, но теперь он получил временный отпуск и поселился с Багреевым.

Спустя немного, приехал и Савелов. Явившись по начальству и приняв свою часть, он прямо пошел к Багрееву.

Был обеденный час. Капральство и офицеры разошлись по своим домикам и палаткам, солдаты партиями толпились у своих котлов, в лагере царило обычное оживление перед едой, когда Савелов, усевшись в лодку, переправлялся в Шлиссельбург. В одной лодке с ним сидело еще несколько офицеров.

— Скоро и поход, — сказал один из них, — слышь, как подвезут снаряды из Москвы, так и двинемся.

— Теперь куды? — спросил другой.

— Вниз по Неве! — отозвался третий. — Там у шведов, слышь, крепость есть, Ниен звать. Так ее брать!

— А там и шабаш, роздых. По домам, выходит! — сказал первый и после минутного молчания прибавил: — У меня под Симбирском жена и двое детей; третий год их не видел и не знаю, что с ними — живы ли, или нет...

148

От этих слов всем стало грустно, и вдруг наступило молчание.

В то время Петр брал в войско всех годных носить оружие и ломать походы, и нередко в его набор попадали женатые люди, вдруг отрываемые от семьи и своего дела.

— Зато отдохнем во как! — сказал вдруг толстый, красный поручик хриплым голосом, и все засмеялись.

Савелов выскочил на берег и пошел знакомой дорогой к дому Багреева.

Трое друзей, хлопая чарку за чаркой, ели из одной миски жирную лапшу, когда Савелов распахнул дверь и очутился перед ними.

— Никак Антон! — воскликнул Багреев, бросая ложку и вскакивая, — он и есть! Антошка!

— Вот так фортеция! — воскликнули все друг за другом и стали обнимать Савелова.

— Садись! Бери ложку! Вот чарка! Сеня, наливай ему! — засуетился Багреев в качестве хозяина и усадил Савелова подле себя. — А и похудел же ты! — сказал он и тотчас спросил: — Ну, что? Нашел?

Савелов покачал головой и, выпив чарку настойки, ответил:

— Нет! А где Яша?

— Яша? Пряхов-то? — сказал Багреев, — он...

— Шведы взяли его а полон, — окончил Матусов, покраснев и взъерошив волосы, — на моих глазах! Забрали и все!

У Савелова выпала ложка из рук.

— Когда? Как? Где же он?

— Может, жив, может — нет! — со вздохом произнес Фатеев, — кто знает.

— Вот возьмем крепость, все узнаем! — прибавил Багреев, а Матусов стал дышать, как паровоз, и наконец, стукнув по столу кулаком, воскликнул:

— Ежели да они его, ну, так несдобровать им! Попадется мне этот тонконогий Ливенталишка, так я ему покажу! Вот тебе Бог! На глазах взяли. Куча навалилась, ну, и взяли. Царь спрашивает меня: как отдал? Да нешто я ушел бы? Яша кричит: "Беги!" А у меня для царя бумаги и все такое. Ну, и убег. А не то разве он был бы один? И я бы с ним... оба два... мне что!..

— Брось! — остановил его Фатеев. — Ведь все уже знают, что твоей вины тут нет.

— А он?

— Ну, и он узнает! Антоша, ты чего же? Пей!

Савелов сидел, подперев голову рукой, и, видимо, был искренне растроган.

— И сколько это у них горя, — проговорил он глухо, — беда!

— Ты про кого?

— Про Пряховых.

— Да ты видел их? Нашел?

— И нашел, и выпустил.

— Стойте, братцы! — остановил Багреев. — Поедим, выпьем, а там и разговоры, а то непорядок это. Ей-Богу! Наливай, Сеня! Ну, выпьем!

— И то! — сказал Матусов, — ну-ка, травничка...

Савелов выпил, чокнувшись со всеми, и все принялись торопливо есть из миски уже остывшую лапшу.

— Гей, Лукашка! — закричал Багреев, когда миска очистилась, — тащи рыбу!

Денщик Лукьян, рябой, здоровенный солдат, убрал миску и принес в глиняном тазу разваренную лососину с густым соусом из лука. Друзья опять выпили и принялись за рыбу, повторяя выпивку, пока не осушили всей сулеи.

— Теперь пива! — устало сказал Багреев, отваливаясь от стола. — Эй, Лукашка!

На столе появились кубки и новая сулея с мутным пивом.

— Вот теперь и разговоры! — сказал Фатеев, наливая густое пиво и вытягивая с полкубка зараз. — Рассказывай, Антон!

— Да что рассказывать-то? Горемыка я! — начал Савелов. — Приехал это в Новгород прежде всего... Да Николай все это знает — вместе были!

Багреев кивнул.

— Я уже рассказывал им, как воевода зарекался, — сказал он, — ты дальше говори, что было!

— Дальше? Нашел я их. Да лукавый мне вора подсунул, такого подлеца, что он мне напутал все и в грех ввел, — и Савелов рассказал по порядку. — Агафошку-то этого воевода вот как драл! А что толку? — окончил он и потом начал снова:

— Поехал я это с Матрешкой. Переоделась она парнем и со мной верхом. Ехали, ехали, на-кась! В скит по Волге! А мне и возвращаться впору. Только до верхов доехал, лед взломало, ехать невозможно. Дал Матреше денег и наказал: если найдешь, сыщи человека и гони его ко мне на Неву, заплачу ему, а тех уговори во Псков вернуться. Вот и все! Теперь как-никак надо старику Пряхову у царя прощенья допроситься. Да и где он? А тут еще и Яшу забрали! — и он только махнул рукой.

— Ну, царь-то простит, — сказал Фатеев, — я улучусь да скажу ему, так он посмеется только. Сам-то страх не любит этих дел. Сколько раз при мне говорил: "Ох, уж эти мне дела о величестве!" Ей-Богу! Ромодановский во всем приказе охоч до таких дел, а ему только смех. "Лишь бы служили да повинности несли!" — говорит он. Старообрядцев не любит; это точно. А за что? За то, что бегут, повинностей не несут, народ смущают. Ну, а твоего старика выручим.

— И Катя твоя будет! — прибавил Матусов.

— Подожди, поход кончим, все тебе поможем! — добавил Багреев.

— Вот тебе слово, — сказал Фатеев.

Савелов повеселел. Все, что казалось утраченным навеки, теперь стало представляться возможным, и от волнения он заплакал. Друзья всполошились и начали утешать его кто как мог.

— От радости это я, — проговорил сквозь слезы Савелов.

— То-то! Ну, так выпьем! — и они дружно стали приканчивать сулею с пивом, после чего полегли на лавки и заснули богатырским сном.

Друзья снова сошлись вместе, и их жизнь на время приняла обыкновенное течение военной жизни. Рано утром — ни свет ни заря — слышалась барабанная дробь, звуки горнов, и все спешили на ученье и на работы. Матусов и Савелов шли к своим частям; Фатеев и Багреев — к царю, в качестве его денщиков (по-теперешнему — адъютантов), и трудно сказать, кому доставалось на долю больше работы. Савелов на коне со своим взводом ехал на фуражировку или производил объездку и гонялся на коне часов до двенадцати, до часа, не слезая с седла; Матусов учил солдат, ходил, бегал, брал примерно фортеции, а Фатеев с Багреевым или писали под диктовку царя, или бежали в разные концы с приказами, поспевали и туда, и сюда, и каждую минуту должны были дать отчет царю во всем, что видели и слышали.

В работе Петр был неутомим и неумолим. А работа кипела вокруг. По берегу стучали топоры и визжали пилы, сооружая баркасы, снаряжая шхуны, чиня порченое; Петр устроил нечто вроде маленькой верфи, и с утра до ночи на ней кипела работа, часто при его непосредственной помощи.

Из Москвы стали подходить обозы с порохом, ядрами, пулями. Петр успевал бывать при приемке и в то же время вдруг переезжал к войскам Шереметева, заглядывал в котлы, устраивал примерное учение; никто не знал, где он окажется через час, через полчаса, а потому все работали с особенным напряжением сил.

Все кипело вокруг и, словно побуждаемая этой

лихорадочной деятельностью, пышно и ярко разгоралась северная весна.

Никогда еще так рано не очищалась Нева ото льда, как в этом году. Был конец марта, а по Неве бежали уже последние льдины из Ладожского озера и несли с собой гул и шум грозных русских войск к испуганным шведам.

Там тоже кипела работа. Опалев укреплял Ниеншанц, рыл окопы, устанавливал пушки, свозил провиант и послал гонцов искать на севере шведских генералов и звать их на помощь.

Бедного Якова, что ни день, таскали к Опалеву, и он уговаривал его рассказать, сколько войска и какие идут на них от русского царя.

— Ничего не знаю! — отвечал Яков.

Опалев сжимал кулаки.

— Я знал твоего отца и тебя знал, Яша! — говорил он, — вместе хлеб-соль делили! Видишь, я не пытаю тебя! Ливенталь советует тебя на дыбу поднять, да я не хочу! Скажи охотой!

— Да пытай меня, сделай милость, — отвечал Яков, — а я ничего не знаю. Ушел я, там только Меншиков с гарнизоном и был.

— А много гарнизона было?

— А мне и невдомек. Были солдаты и пушки, а сколько?.. Сам знаешь, давно ли я на службе?

— У-у, пес! — ругался Опалев и все-таки не хотел мучить Якова.

Ливенталь зеленел от ярости.

— Иди, русская свинья! — кричал он на Пряхова, провожая его в каземат крепости, и бил по лицу, находя в этом хоть малое удовлетворение своей мести.

Яков только сверкал на него грозным взором.

Он теперь знал, что его не тронут, пока жив Опалев — вернее — пока жива его дочка, некрасивая Каролина. Знал, что русские придут и возьмут крепость и — рано или поздно — он увидит свободу и разочтется с Ливенталем честной платой.

А время это близилось. В Шлиссельбурге с трогательной торжественностью встретили Христово Воскресенье, и царь Петр, христосуясь с Шереметевым, шутливо сказал ему:

— Ну, фельдмаршал, все в порядке у нас?

— Все, государь!

— Тогда иди-ка ты послезавтра в поход по Неве. Как и что, завтра поговорим с тобой!

— Поход, поход! — радостно понеслось по войскам.

Двадцать третьего апреля 1703 года армия Шереметева потянулась правым берегом вниз по Неве-реке, к крепости Ниеншанц.

XXXVI

ДВА ДНЯ

Словно снежный обвал, словно неудержимая лава, широким потоком потекли войска Шереметева к заветной цели Великого Петра от Шлиссельбурга к устью Невы, к неведомой крепости Ниеншанц.

Если теперь передвижение дивизии представляет грандиозную картину, хотя и солдаты, и орудия со скоростью сорока верст мчатся в длинных поездах, то в то время движение такой массы войск казалось чуть ли не переселением народов.

Двадцать тысяч войска двинулось под предводительством Шереметева и потекло лавиной узкими, лесистыми дорогами по правому берегу Невы. Преображенцы и семеновцы двинулись первыми, в своих зеленых казакинах, треуголках, с тяжелыми ружьями, огромными, как мечи, тесаками, с мешками пуль, с пороховницами — грузные, в желтых высоких сапогах, с длинными волосами, завязанными жгутом. За ними, под командой генерала Чэмберса, двинулось семь батальонов пехоты, бивших шведов в Эстляндии и Курляндии, сильных, здоровых, подобранных из внутренних губерний России; следом шли двадцать батальонов Репнина, десять батальонов Брюса и, наконец, драгуны и полк новгородских дворян, под командой Петра Апраксина. Следом двинулся обоз на легких двуколках и тяжелых дрогах, и в самом хвосте увязался опять Митька Безродный с веселой Матрешкой и со всем снарядом для пьянства.

Перед выходом Шереметев вызвал Матусова и сказал ему:

— Ты, слышь, все дороги разведал, так ты и поведешь нас!

— Слушаю! — ответил Матусов.

— Возьми себе сорок солдат да еще на разведки драгун и иди в голове. Ну, с Богом!

Матусов выступил. Через полчаса к нему подскакал Савелов с шестью драгунами и сказал ему:

— К тебе послали! Под начало!

— Вот так фортеция! — воскликнул Матусов. — Так ты, Антоша, выезжай вперед да гляди, нет ли засады. А дорога вот тем пролеском все прямо! Берега держись! Дорога важнецкая! Ну, ребята, с Богом! — и, махнув своему отряду, он двинулся вперед.

Дорога действительно оказалась не тяжелой. Ранняя весна

уже успела согнать весь снег и даже подсушить особенно топкие места. Лес уже зазеленел; кричал дрозд, долбил дятел, рано утром крякали утки, и всем было весело идти.

В первый же день прошли двадцать пять верст и к ночи сделали привал. Запылали костры.

Матусов и Савелов выставили в своем отряде часовых и легли подле разложенного костра, который больше грел, чем светил, так как ночи почти не было.

— Чудные края! — говорил Матусов. — На тебе: полночь, а все видно, как есть! Даже скучно.

— Говорят, зимой холодно.

— Хуже, чем в Москве! Как это подует сиверко!.. Я с Яшей... — и, вспомнив взятого в плен друга, Матусов переменил разговор: — Кабы знать, жив он или нет! Эх, Яша, Яша! И как же мы сдружились с ним, во как! Брата это моего убили... Думал, жизни лишусь — что я без него? А тут Яков! Ну, думаю, Бог мне его вместо брата прислал, и на тебе!..

— Авось жив, — сказал Савелов, — мне самому его страсть жалко!

— А уж этому кургузому! — и Матусов погрозил кулаком в сторону далекой крепости.

Лагерь затих. Костры гасли. В ставке Шереметева тоже все стихло, и скоро все спали богатырским сном, кроме чутких часовых да обходящих их капралов.

Едва заалел восток, заиграли призывные горны и все кругом зашевелилось, а спустя два часа снова широкой лавиной потекло дальше, делая короткие отдыхи через каждые четыре часа.

В течение двадцать четвертого апреля войско двинулось еще на двадцать пять верст.

— Теперь рукой подать, — сказал Матусов и пошел доложить Шереметеву.

Фельдмаршал ехал в середине войска в уютной повозке.

— Верст пятнадцать не более до крепости! — сказал Матусов.

— Пятнадцать, говоришь? — оживился Шереметев. — Тогда стой! Эй! — закричал он. — Труби роздых!

В воздухе зазвучали веселые звуки рожков.

Шереметев обратился к своему денщику:

— Полковника Нейдгарда ко мне от Брюса!

Денщик ударил коня и поскакал, а Шереметев стал расспрашивать Матусова о крепости.

Тот толково отвечал на все вопросы.

— При нас только провиант свозили, потому что зимой не

работа. А говорили так, что будут бастионы впереди делать. Может, и сделали.

В это время к фельдмаршалу подошел полковник Нейдгард, сделавший с ним все походы.

— Возьми две тысячи солдат и иди вперед. Вот он дорогу укажет! — показал Шереметев на Матусова. — Придешь к крепости, в бой не вяжись, а позиции займи и тотчас окопайся! Мы отдохнем тем часом и утром двинемся, значит, к тебе будем у полудня. Так и жди! А если очень теснить будут, иди назад, но и отпор давай! С Богом!

— Рад стараться! — и полковник тотчас двинулся исполнять приказание, взяв с собой Матусова.

— Через четыре-пять часов в бою будем! — весело сказал последний.

— Ну, в бой вязаться не указано! — сурово ответил полковник. — Иди, готовься, через полчаса и пойдем!

Опять запылали костры и солдаты весело ложились на траву, сбрасывали тяжелую амуницию, снимали огромные сапоги, оглашая воздух криком и смехом. В это же время повзводно двинулся и потянулся отряд Нейдгарда занимать передовую позицию.

— Прямо на шведа! — весело говорили солдаты.

— Уж и нагреем ему, братцы!

— Слышь, драться не приказано!

— Скажи, а для чего ведут, если не драться?

— Смирно! — кричал капрал. — Или по палке заскучали?

Матусов шел так быстро, что за ним едва успевали следовать. Он с каждым шагом ощущал все большее волнение при мысли о том, что вот сейчас увидит вражескую крепость, и при этом невольно сжимал кулаки. Его небольшой отряд ушел чуть ли не на версту вперед от главного отряда.

Уже спустилась ночь — ночь на двадцать пятое апреля, теплая, темная. Небо было покрыто тучами, и падал весенний дождь. Дышать было тяжело. Вдруг впереди Матусова зачернели стены крепости. Он тихо свистнул, и отряд встал как вкопанный. Вот она!

Дождь перестал. Ветер разорвал тучи, и месяц осветил окрестности. Крепость Ниен, окруженная стенами, стояла всего шагах в трехстах. Вокруг нее тянулся ров, а перед ним, составив ружья, отдыхала сторожевая шведская команда, даже не чуя близости врага.

— Тихо! — шепнул Матусов и, припав к земле, быстро пополз к шведам.

Солдаты замерли. Прошло несколько минут томительного ожидания. Матусов вернулся.

— Братцы, — взволнованно зашептал он, — их всего сотни две, не больше. Мы с вами это на них сразу, а там наши поспеют. На уру! А?

— Как твое благородие, мы что же! — дружно ответили солдаты.

— Так, дружки, так! — Матусов обнажил шпагу и взял в руку пистолет. — Ефрем, — сказал он одному из солдат, — беги назад и скажи полковнику, что мы шведа бьем! Пусть и он идет!

Солдат быстро скрылся.

— А вы, братцы, ружья на руку. Подойдем ближе, стрельнем, а там прямо в штыки да кричать громче! Ну, с Богом! — и Матусов снова припал к земле.

Солдаты тоже опустились и все осторожно поползли к беспечным шведам.

Их было сто пятьдесят человек, выставленных для дозора и сбережения, так как до Опалева уже дошли слухи о движении русских войск. Офицер лежал в палатке и, завернувшись в плащ, мирно спал, как вдруг услышал оглушительный залп и дикие вопли. Он вскочил в один миг и выбежал из палатки. В темноте что-то звенело, ревело, стонало, раздавались редкие выстрелы и громовым раскатом неслись возгласы:

— С нами Бог! Виват! Бей их! Коли!

— Сбор, сбор! — закричал офицер. — Горнист, труби сбор! Все вместе!

Он метался, махая шпагой, но в общей суматохе его никто не слышал.

Нападение было неожиданное. Полусонным шведам показалось, что русских тысячи; многие не успели схватить свои ружья, и в какие-нибудь десять минут сорок человек сломили сто пятьдесят.

Матусов разрядил свой пистолет и работал им, как палицей. Шведы падали от каждого взмаха его руки и пораженные бросились по мосту через ров — прямо на бастионы крепости, к воротам. Матусов с отрядом устремился за ними.

— Бей их, виват!

— Виват! — заревело невдалеке, и отряд Нейдгарда обрисовался в темноте грозной массой.

Шведы в ужасе завопили и стали ломиться в ворота крепости. С бастиона раздался гулкий выстрел.

— Бей их! — кричал Матусов.

Ворота распахнулись. Шведы волной хлынули в крепость.

— За ними! Виват! — закричали солдаты.

— Стой, стой! — раздались голоса.

Матусов схватил какого-то шведа за горло и душил его.

— Стой! Отбой! Назад! — послышалась команда. Нейдгард гневно подскочил к Матусову и встряхнул его за шиворот. — Назад! — закричал он. — Разве был приказ ввязываться в бой? Ты — ослушник!

— А ты — глупец! — вспыхнул Матусов: — Мы на плечах вошли бы в крепость; если бы не твой отбой — и она была бы наша!

— Ну, ну! Я ужо доложу фельдмаршалу! — гневно сказал полковник. — Иди!

Отступать была уже пора. Шведы опомнились и стали стрелять с бастионов.

Матусов со своим отрядом лениво пошел назад, таща за собой шведа. Двое других захватили тоже одного пленного.

— Дурни! — сердился Нейдгард, — нет, чтобы слушаться! Ну, да ужо вам будет!

Он собрал весь отряд и, расположив его в полуверсте от крепости, приказал окопаться.

А между тем крепость чуть не была взята.

"Если бы другие помогли, — записал Петр собственноручно у себя в журнале, — то шанец был бы взял без атаки; но понеже командир о том указа не имел и послан был только для занятия позиции и взятия языков, также и о фортеции было неизвестно, то учинить того не смел".

XXXVII

У ЗАВЕТНОЙ ЦЕЛИ

Смелое нападение Матусова случилось в ночь на двадцать пятое апреля, а утром двадцать пятого с громкой музыкой и пением стали подходить войска Шереметева.

На высоком, стройном коне, первым со свитой прискакал сам фельдмаршал. Полковник Нейдгард доложил ему о случившемся и, указывая на смущенного Матусова, окончил свою речь:

— Вот тебе и ослушник самый. Чуть в афронт не ввел!

— Ну, и дурак ты, хоть и полковник! — добродушно произнес Шереметев. — Фортеция — выходит — в руках была, а ты — на!

— Да ведь я получил приказ... — вспыхнув, возразил Нейдгард.

— А на что тебе отряд дан? Выходит, тебя я и за голову, и с головой числил! — быстро ответил Шереметев и прибавил: — Ну, да не вернешь! А ты, молодец, показывай! — сказал он Матусову.

— Что показывать-то, — хмуро ответил Матусов, — фортецию-то? Вот она! — и он показал на крепость рукой.

Она стояла всего в каких-нибудь саженях трехстах от Шереметева, окруженная с трех сторон высокими валами, которые были гораздо ближе к Шереметеву, нежели к крепости.

Бывший при фельдмаршале инженер Ламберт засмеялся.

— Это они не себе, а нам защиту изготовили, — сказал он, — станем за этими валами, так их пушки нам никакого урона не принесут!

Шереметев засмеялся тоже.

— Все нам на пользу! Ну, будем солдат располагать.

Полки прибывали друг за другом, и им стали указывать места для стоянок. Преображенский и семеновский стали на юге вместе со всей артиллериею; на востоке и севере стали полки Репнина и Брюса и тут же Апраксина. Разбили палатки.

Шереметев заказал обед, а инженер Ламберт тотчас стал указывать, где будет стоять артиллерия и готовить кессели для мортир. Работа кипела. Тут же устраивались солдаты; тотчас же те, что устроились, запалили костры под котлами, а Митька уже раскинул палатку и открыл торговлю пенным. Словно и не на войне, словно бы и не перед вражеской крепостью.

А с крепости между тем стреляли, но вяло, неуверенно. Раздавался гулкий выстрел, шумело летящее ядро и грузно шлепалось в высокий вал, шведами же возведенный.

— Ишь, дурни, — шутили солдаты, — сами копали, а теперь расстреливают!

— Нет, ты погоди, как наш бомбардир приедет, — говорил растрепанный, кудлатый фейерверкер, — вот заговорят наши мортирки!

— Другим голосом! — смеялись солдаты и смотрели на крепость в прорытые в валу амбразуры.

— Совсем лядащая!

И правда, по сравнению с Нотебургом, крепость Ниеншанц казалась совсем убогой. Пятиугольной формы, с низенькими стенами, на которых стояло все-таки до 75 пушек и 3 мортиры, она была расположена на крошечном пространстве, которое занимает теперь корабельная верфь на Охте. Побывайте там — и вы сразу увидите, что это была за крепость. Неудивительно, что наше войско отнеслось к ней с полным пренебрежением.

— Два раза щелканем — и все! — говорили солдаты. — Эго — не Нотебург. Тут и штурма не нужно.

Странная война, странная осада! Русские расположились станом всего каких-нибудь в пятидесяти саженях от крепости, а место пушкам было намечено всего в тридцати саженях! Теперь это немыслимо, а тогда пушки и не стреляли далее ста-полутораста саженей и служили скорее, как таран, которым били в стену совсем подле. Еще мортиры стреляли дальше и, выбрасывая каменные ядра, причиняли пожары, как было в Нотебурге.

В ту же ночь подвезли на барках из Шлиссельбурга и артиллерию: 16 мортир, 48 пушек и 16 000 ядер и бомб. Это считалось громадным боевым запасом.

Матусов с Савеловым устроились в одной палатке и оба горели одной мыслью: "жив ли Яков".

— Как возьмем крепость, прямо к нему! — говорил Матусов.

— Надо биться так, чтобы до него добраться.

— А ежели да он...

— Оставь! Не может быть!

— Почему? Этот швед за ним обиду имеет.

И, продолжая говорить, они не спали до самого рассвета.

— Виват! — вдруг огласился весь лагерь.

— Царь! — вскричал Савелов и, вскочив, выбежал из палатки.

Солдаты бежали к берегу. Солнце взошло и освещало ровную гладь Невы, на которой тихо качались русские шенявы и барки. Петр вышел на берег, окруженный Нарышкиным, Головкиным, Головиным, Паткулем, Зотовым, и, стоя среди них, тут же принимал доклад Шереметева. Все в том же зеленом неизменном казакине, с короткой шпагой на порыжевшей кожаной портупее, выше всех на голову, он слушал Шереметева, ласково улыбался в ответ на радостные крики и зорко глядел на крепость, откуда лениво, медленно раздавались редкие выстрелы из пушек.

— Выходит, фортеция была бы у нас, да упустили! Ну, ладно! — добродушно сказал Петр, когда Шереметев смолк, — пойдем теперь, оглядим ее.

— А рюмку анисовой? — шутя сказал Нарышкин.

— И тому время будет, а теперь это поважнее! — Петр

подозвал Ламберта и, поднявшись на высокий вал, совершенно открытый для неприятеля, пошел вокруг крепости, зорко оглядывая ее со всех сторон. — Однако же! — сказал он, — фортеция куда хуже Нотебурга. Не велика возня подле нее!

— Истинно так, государь! И, видно, у них у самих охоты нет воевать, — сказал Ламберт.

— А может, флот поджидают? — качнул головой царь. — Надо там, в устье, заслон поставить! Ну, да уж все сделаем! — и, сойдя с вала, он пошел по лагерю, окруженный и своей свитой, и солдатами.

А шведы продолжали стрелять время от времени.

— Вот царь! Вот это можно сказать! — захлебываясь от восторга, говорил Фатеев, расположившись уже в палатке друзей. — Как это вы ушли, можно сказать, часа не посидел в покое. Везде ему дело. Перво-наперво артиллерию снарядил и сюда послал. И все сам! Помогал на барки мортиры ставить — ей-Богу! — ядра считать, потом больничный снаряд. Все отправил, стал остальное войско сбирать. Его проводил, а тогда, сев на шеняву, и сам приехал.

— С ним и не страшно ничего! — сказал Савелов.

— Фортеции не упустили бы, когда в руках была! — пробурчал Матусов.

— А что Багреев? Где он?

— И сердце, и голову потерял! Теперь царь сказал Меншикову: "Как отпишу тебе, что взял фортецию, ты сейчас ко мне на новоселье и с Катюшей!" Это с полонянкой! — пояснил Фатеев и продолжал: — Так наш Николаша словно ума лишился. И так, и этак егозил и устроил, что его при Меншикове оставили, при Катюше, значит. Я говорю ему: "Баба! От войны лыняешь!" — а он только рукой махнул.

Савелов тоже вздохнул.

— Ежели бы ты знал, сколь эта змея — любовь — ядовита!.. Мне она все сердце высосала! Вот! — и он закрыл лицо руками. — Где она, голубка моя? Может, попали в какой скит и живыми сгорели, как те! Может, этот Агафошка опять соследил их, может, так сгинули... Ах, горе мое!..

Его горе растрогало Матусова с Фатеевым, и они стали утешать друга.

— Пойдем выпьем! — предложил Матусов и, подхватив Савелова под руки, они поволокли его в гостеприимный шатер Митьки Безродного.

В стане русских кипела работа. Устанавливали пушки, складывали ядра, делали приготовления к штурму, а шведы по-прежнему уныло и безрезультатно стреляли из пушек.

160

28 апреля Петр снарядил 60 лодок, посадил на них три роты солдат под командой Щепотева и, проехав у самой крепости, дошел до устья Невы и там на островках высадил роты для обережения от прихода шведского флота.

К штурму было уже все готово. В ночь на тридцатое поставили последние пушки.

— Ну, а завтра и начнем! — объявил Петр, — нынче пораньше ляжем.

XXXVIII

ВСЯ НЕВА

Яков томился в каземате без света и воздуха. Казалось, о нем забыли все — даже некрасивая дочь Опалева, даже враг Ливенталь. Тюремщик приходил, приносил ему на два дня хлеба, ставил воду и уходил. Яков терял силы. В измученном теле надежда на спасение медленно гасла.

"Наши придут, — думал он уныло, — но когда! Шведы успеют меня до того голодом заморить. Хоть бы смерть, что ли!"

Порой на него нападали взрывы отчаянья, и он бросался на толстую дверь и колотил в нее кулаками или прыгал, ухватываясь за решетку окна, и притягивался к нему. Но дверь была крепка, и из окошка пленник видел только мутную воду невысокой волны.

Яков совсем изнемог, сон его стал тревожен. И вдруг однажды он услышал звук выстрела. Еще и еще! Пряхов сразу вскочил на ноги и ожил.

"Что это? Спасенье?" — мелькнула у него мысль.

А выстрелы гремели, глухо доносясь до его каземата.

"Теперь бы и уйти!" — думал Яков с тоской, и всю ночь до рассвета не мог уже сомкнуть глаз.

А пушки все палили и палили.

Потом наступила мертвая тишина. Настал день. Яков метался по каземату, поджидая сторожа, но тот не пришел. А к вечеру снова поднялась пальба. Яков прыгнул на окно, но оттуда ничего не было видно. До него смутно донеслись крики.

"Наши! — снова встрепенулся он, услышав в сплошном гуле что-то родное. — Наши!"

161

Надежда на свободу оживила Пряхова.

Наступила ночь и снова утро. Он услышал тяжелые шаги тюремщика и весь насторожился. Угрюмый тюремщик вошел с караваем хлеба и кувшином воды. В тот же миг Яков бросился на него, с силой ударил его о пол и, выбежав из каземата, закрыл дверь и запер ее на висячий замок.

Очнувшийся тюремщик стал неистово колотить в дверь, но Яков уже бежал по сырому, узкому коридору к выходу. Он знал дорогу, по которой его водили к Опалеву, и быстро выбрался на двор, где тотчас спрятался под высокой стенкой сложенных дров.

Грохот орудий раздавался здесь громче. На дворе была заметна тревога. Проходили солдаты, офицеры шли или из комендантского дома или в дом коменданта. Несколько солдат уносили ядра, разбирая сложенную на дворе груду.

Яков скользнул за дровами и подошел к углу казарм. Там никого не было. Он выскочил и пустился бежать, незаметно скользнув на огороды.

Здесь он передохнул. Теперь в спасении он уже не сомневался. Там, за огородами, крепостная стена совсем опустилась. Он помнил, как года три тому назад он, заезжая в крепость, иногда шутя лазал через эту не оберегаемую, не защищенную часть стены. Под ней протекала узкая, мелкая Охта.

Яков двинулся между черной землей грядок, как вдруг сзади него раздался резкий оклик. Пряхов невольно обернулся и увидел Ливенталя. Тот бежал к нему, размахивая шпагой, и кричал:

— Стой, русская свинья! Я тебе!

Кровь прилила к лицу Якова. Он на мгновение приостановился, ища какого-нибудь орудия для защиты. В это время швед уже был совсем подле него и размахнулся над ним шпагой. Яков быстро нагнулся, схватил мокрый ком земли и, с силой кинув его в лицо шведа, залепил ему глаза. Офицер рванулся вперед, махнул шпагой, но Яков уже схватил его могучей рукой за горло и, опрокинув на землю, вырвал у него шпагу.

— Ну, крыса, будешь шуметь? — насмешливо произнес он.

Вымазанное грязью, перепуганное лицо Ливенталя было смешно и жалко.

— Иди прочь и меня отпусти! — взмолился швед.

— Ну, это погоди! — сказал Яков и, крепко держа его за горло, снял с него казакин, портупею и ремень, поддерживающий штаны. Потом он завернул снятым

162

казакином голову Ливенталя, завязал ее ремнем, связал ему руки и, бросив его беспомощного среди гряд, подхватил шпагу, после чего прыгнул на гребень стены. — Фу, вот и на свободе! — весело вскрикнул он, спрыгнув на землю, и сразу к нему вернулась бодрость, сила и самоуверенность.

Пряхов осторожно пошел по берегу Охты к Неве и, спрятавшись в кустах, решил дождаться ночи. Ночь хоть и светлая, но утомленные люди ослабляют внимание.

А пушки лениво стреляли время от времени...

Был светлый полдень тридцатого апреля. Петр осмотрел орудия, обошел все позиции и сказал Шереметеву:

— Ну, мы готовы! Как вы, господа шведы? Пошли-ка ты к ним трубача. Отпиши, чтобы по-доброму фортецию сдали. Что порох-то тратить!

— Сейчас, государь! — ответил фельдмаршал и послал к Опалеву трубача.

Бравый солдат спустился с вала и, махая белым платком, затрубил. Ему навстречу вышли солдаты и повели его в крепость.

— А мы тем часом выпьем! — шутливо сказал Петр, — да и солдаты пусть отдохнут!

В ставке царя все сели за трапезу. Пили, ели, а время шло.

— Что они думают долго? Пошли еще одного! — уже хмурясь сказал Петр.

Фельдмаршал тотчас отрядил второго парламентера.

Прошел еще час. Петр в нетерпении выскочил из палатки и широкими шагами шагал перед ее входом.

— Ну, ну, — повторял он, — что-то кобенятся. Как бы плакать не пришлось! — Лицо его уже сводила судорога. — Ну, что? — крикнул он, увидев второго посланного, возвратившегося из крепости.

Тот подошел и вытянулся.

— Наказал на словах сказать, что король вручил ему крепость к обороне, а не к иному чему!

— Так! — закричал Петр. — Ну, так пусть обороняется! Стрелять! — и он быстро пошел к своим мортирам.

Раздалась оглушительная канонада. С крепости тоже ответили залпами, и земля стала содрогаться от грома выстрелов.

Савелов и Матусов были без дела. Они сидели на берегу Невы, на валу, и глядели за падавшими на крепость снарядами.

— А ловко наш бомбардир стреляет! — сказал Савелов, — гляди, так камень и сыплется!

— Чего уж! — отозвался Матусов.

163

Наступил вечер. Канонада гремела не смолкая.

— Пойдем спать! Нам не будет дела! — сказал Матусов и встал с земли. — Вот так фортеция! — закричал он тотчас. — Гляди, человек из воды лезет!

— Может, швед! — вскрикнул Савелов и, обнажив тесак, бросился к берегу, на который действительно карабкался вылезший из воды человек.

— Свой! — закричал последний, увидев русского воина.

Савелов приблизился.

— Яков! — Антон! — раздались два крика, и вслед за этим Матусов набросился, схватил Якова в могучие объятья и, целуя его и тиская, кричал:

— Жив! Жив!

— Пусти его, задушишь!

— Как ты выбрался?

— Да оставь! — остановил его Савелов, — видишь, он устал, вымок, может, голоден. Ты беги лучше к Митьке и водки достань, а я его к нам уведу! Ну, скорее! Идем, Яков!

Он подхватил Пряхова и потащил в палатку, а Матусов бегом побежал за водкой.

Канонада продолжалась. Русские ядра громили крепость, разбивая стену. Шведы сначала отвечали бойко, потом все слабее и ленивее. Однако пальба все-таки продолжалась всю ночь. Только на рассвете Опалев приказал бить барабанщику о сдаче, и после долгих переговоров, в десять часов вечера первого мая 1703 года, Петр Великий во главе своих преображенцев вошел в покоренную крепость.

Вся Нева со взятием Ниеншанца была во власти России.

Радости Петра не было пределов. Он разослал всем друзьям, а первому Меншикову, извещения о победе и отпраздновал ее в Ниеншанце великим пьянством.

XXXIX

СКУЧНЫЕ ДНИ

Утомившийся, голодный Яков поел и отдохнул. Богатырская натура одолела пережитые волнения, и Пряхов, сытый, довольный, уже широко улыбался и смеясь рассказывал о своем плене, о бегстве, о победе над Ливенталем.

— Сначала так-то петушился, что страсть, а как мой верх стал, так и шамад забил. Трус! Погань!

Матусов глядел на него влюбленными, влажными глазами, гладил его грубые руки и повторял:

— Вот так фортеция!

Савелов радовался за друга и в то же время грустил, что не сможет ничем порадовать его.

Друзья разговаривали, а в это время пушки неумолчно громыхали, разбивая стены шведской крепости.

— Надо бы тебя к фельдмаршалу! — сказал Савелов.

— Постой, теперь не до него! — ответил Матусов. — Завтра утром и сходит.

Яков окончил рассказы и обратился к Савелову:

— Ну, а ты? Повидал наших, видел Софью?

При имени "Софья" он покраснел, как девушка.

— Бес меня спутал, и я все дело попортил, — потупившись ответил Савелов и рассказал все, что с ним приключилось во Пскове.

Яков побледнел, жадно слушая рассказ названного брата, а потом схватился за волосы.

— Разорен, выходит, мой батюшка! Хорошо, ежели еще Грудкин удержался, — он вызволит, а то беда!

— Грудкин во Пскове, я хотел его видеть, а он словно прятался.

— Боялся! Ведь нас, староверов, во как травят!

— Что же делать?

— Если царь простит, — тряхнул головой Яков, — тогда все по-хорошему. Найдем их и все!

— Царь простит! — уверенно сказал Савелов, — и Фатеев просить будет, и ты службой заслужил.

— Вестимо простит! — подхватил Матусов, — он, брат, глупым делом не занимается!

— А тогда и все по-хорошему, — уже весело ответил Яков, — ежели мы и разорились, так деньги — дело наживное. Вот как я думаю. А?

— Вестимо! — весело подхватил Матусов.

Савелов тоже оживился. Катя опять воскресла в его воображении и словно осветила его душу особой радостью.

Ночь промелькнула незаметно без сна. Друзья вышли из палатки. Пальба прекратилась. Навстречу им шел Фатеев; он увидел Якова и даже остановился.

— Откуда ты?

Яков широко улыбнулся.

— Бежал оттуда, куда ныне все пойдем.

Фатеев горячо обнял Якова, а потом ухватил его за руку и потащил.

— Куда ты?

— К царю, к царю! Он и то нынче о тебе вспоминал — где ты, да что с тобой, а вдруг и ты. Идем скорее!

Царь стоял у своей ставки, и по его веселому лицу и раскатистому смеху можно было узнать, как доволен он этой победой, не стоившей ему ни одного даже солдата.

— Государь! — издали закричал Фатеев, — пленника веду!

Все оглянулись на его смелый оклик.

Яков двинулся вперед и вытянулся. На нем были рваный полушубок и серые лапти. Огромный, обросший волосами, неумытый, растрепанный — он походил на великана-дикаря. Петр пытливо поглядел на него и вдруг светло и радостно улыбнулся.

— Никак Яков из Спасского, что на разведку ходил да в плен попал? — спросил он.

— Пряхов! — подтвердил Шереметев.

— Он самый, государь! — радостно подхватил Фатеев, — бежал от шведов и сюда!

— Молодец! — радостно произнес Петр. — Ну, надо будет наградить тебя. Ты — сержант?

— Так точно, — пробормотал Яков.

— Будь поручиком! — сказал Петр и протянул ему руку.

Яков склонился на колени и жарко поцеловал его руку.

Петр ласково кивнул ему.

В это время шведский парламентер принес условия сдачи. Петр с генералами ушел в палатку.

— Теперь я спать, — сказал Фатеев, едва держась на ногах от усталости.

Яков пошел назад; к нему подбежали Матусов и Савелов.

— Ну, что?

— Поручиком пожаловал! — ответил Яков.

— А про отца?

— Не успел.

— Ах, ты, баранья голова! Когда и надо было! — выругался Матусов. — Теперь жди случая!

— Фатеева просить надо, — решил Савелов.

В богато убранной шеняве, с веселой музыкой приехал Александр Данилович Меншиков к покоренной крепости.

Петр вышел встретить его и ласково обнял, сказав;

— Теперь вся Нева за нами, Данилыч!

— Кто против нас! — восторженно отозвался Меншиков.

— Ну, а Катя с тобой?

166

— Она бы сама прибежала, если бы я ее взять не захотел, — широко улыбнулся. — Эй, Катя!

Но мариенбургская пленница уже легкой козочкой сбежала со сходней на берег и бросилась к царю.

Тот обнял ее и поцеловал, громко засмеявшись.

— Ишь, какая прыткая! — воскликнул Меншиков, — а ты говоришь: взял ли...

— В фавор войдет, — шептали окружающие Петра друг другу, а Багреев стоял в стороне, крепко сжав руки, и его лицо было белее бумаги.

Фатеев подошел к нему и дружески поздоровался.

— Пойдем к нам! Яков вернулся.

— А! — безучастно сказал Багреев.

Кроме Екатерины, он не видел ничего окружающего. И вдруг, уходя с Петром, она украдкой взглянула на молодого офицера и улыбнулась. Багреев вздрогнул, и его лицо тотчас залил румянец.

Шереметев устроил празднество. С музыкой и песнями на шенявах и в лодках переехали все на другой берег и там пировали до вечернего часа. Это было второго мая.

Вдруг со стороны взморья раздались два пушечных выстрела. Все повскакали с мест.

— Что такое?

— Сейчас узнаю! — ответил Шереметев и послал за справкой.

Через несколько минут к пирующим подошел офицер с солдатом от рот, посаженных в засаду у устья Невы.

— Что такое? — снова спросил Петр.

— Два шведских судна подошли и сигнал подают, — ответил вытягиваясь офицер.

— Они еще не знают, что крепости нет, — засмеялся Шереметев, — ответить им тем же сигналом.

— Добро! — сказал Петр.

С крепости грохнуло два выстрела.

Шведы попались в обман и выслали бот за лоцманом, но едва матросы вышли на берег, как к ним бросились солдаты и взяли их в плен.

Царь поспешно вернулся с пира. Испуганные матросы показали, что в Неву идет флот из девяти кораблей, с адмиралом Нуммерсом во главе.

Живая радость отразилась на лице Петра.

— Ну, Данилыч, мы с тобой те корабли воевать будем! — весело сказал он.

Время тянулось медленно без дела. Матусов, Савелов, Яков,

Фатеев и Багреев пили, спали и печалились, чтобы снова запить свое горе вином.

— Буду опять проситься из войска, — каждый день говорил Савелов, а Яков тотчас подхватывал:

— И я!

— Поеду искать их!

— И искать нечего. Прямо к Грудкину.

— Тогда и я с вами, — подхватил Матусов.

— Вот втроем и поедем!

После этого они напивались пьяны и трое плакали, а Фатеев бил себя кулаком в грудь и кричал:

— Свинья я буду, ежели перед царем твоего отца не обелю!

И вдруг в ночь с пятого на шестое мая прибежал в их ставку денщик царский и закричал на всю палатку:

— Кто есть Яшка Пряхов? Сейчас к царю!

Все повскакали. Яков вышел и ответил:

— Я — Пряхов.

— Ну, и идем!

И Яков едва успел натянуть сапоги, как его повели к царю.

Царь сидел в своей палатке. Подле него стояли Меншиков, Апраксин и два денщика. Царь в расстегнутом кафтане, дымя трубкой, наклонился над каким-то чертежом и водил по нему своим корявым пальцем, когда ввели Якова.

— А, ты! — воскликнул Петр. — Ну, опять к тебе нужда. Можешь мне лоцманом быть? А?

— В этих местах везде! — встрепенулся Яков.

— А на взморье?

— Тоже.

— Ну, и ладно! Слушай. Тут вот, — и он ткнул на чертеж, над которым наклонился Яков, — шведская шенява с баркой стали. Я хочу забрать их. Так вот подобраться к ним надо.

Яков внимательно вгляделся в чертеж. Петр указывал на место против теперешнего Екатерингофа. К нему вели Мойка и широкий рукав большой Невы.

— Простое дело, — проговорил он, — одни тут поедут, другие — тут, — указал он на Мойку и на рукав, — с двух сторон и охватим.

Петр хлопнул широкой ладонью по столу.

— То же, что и я! — воскликнул он. — Поторопись, Данилыч, снарядить тридцать лодок и посадить в них семеновский с Преображенским. Ты через Неву поедешь, а я с ним по Мойке. Да скорее, друг! Нынче и тронемся. Да! Не забудь гранат ручных взять побольше. Ну, поспешай!

Меншиков тотчас ушел, а взволнованный царь приказал

подать себе пива и, куря трубку, без умолку говорил с Яковом, расспрашивал его о Неве, островах и о размерах шведских судов, которых Яков видел немало, живя в Спасском.

Пряхов со знанием дела поддерживал разговор, в то же время думая о том, что теперь представился случай выпросить у царя милость отцу.

Время шло, Пока снаряжали суда, запасались всем нужным, а там сажали солдат в лодки, прошел весь день и только к вечеру шестого мая, тихо плеща веслами, лодки отвалили от берега и потянулись друг за другом.

— Ну, помогай им Бог! — сказал Савелов Матусову, проводив лодки.

И все повторили то же. Всем казалось, что затевается что-то героическое. Царь со своими солдатами на простых лодках поехал брать военные корабли, вооруженные пушками.

XL

ПОСЛЕДНЯЯ

Десятого мая на заре во Псков въехали два всадника. Один был Савелов, а другой — Яков, теперь в чине поручика. Фатеев поделился с ним своим платьем и теперь, с заплетенной косой, статный, бравый, он был офицером на диво.

— Куда же поедем? — спросил Савелов.

— По мне, к Петру Саввичу, а от него уже и к воеводе! — ответил Яков.

— Как сам думаешь. Дорогу знаешь?

— Я-то? — и Яков засмеялся.

Они выехали на площадь, свернули в переулок, проехали вдоль длинного забора и, подъехав к воротам, спешились. Яков тотчас властной рукой забарабанил в калитку. Никто не отозвался, только яростно залаяли собаки.

— Вот и я так же, — сказал Савелов.

— Ну, у меня так не будет! — и Яков снова начал стучаться в калитку.

На этот раз за калиткой послышался шум отодвигаемого запора, калитка приоткрылась и из-за нее осторожно выглянул дюжий парень в посконной рубахе. Увидев двух военных, он хотел было захлопнуть калитку, но Яков сильным ударом уже распахнул ее и вошел во двор.

— Ты чего? Кого тебе? Эй, Полкан! — закричал растерявшийся парень.

— Грудкина, Петра Саввича.

— Нет его.

— Ну, мы подождем. Отворяй ворота!

— Да ты что за воевода? — закричал парень.

— Я-то? А вот! — и Яков с размаха так ударил парня, что тот покатился. — Не узнал хозяйского сына, что ли! Ты откуда?

Парень выскочил и раболепно засуетился.

— Ах, ты, Господи! Хозяйский сын! Да откуда же мне знать, коли я только что из скитов сюда пришел? Ну, ну! — и он распахнул ворота, через которые Савелов ввел лошадей.

— Возьми коней и сведи на конюшню! — приказал Яков, идя прямо через двор к знакомому крыльцу.

Савелов, оживленный надеждой, пошел за ним.

На крыльцо вдруг вскочил высокий мужчина и закричал:

— Чего вам тут? Кто вы такие?

Яков в один прыжок очутился подле этого человека и, схватив его за руки, сказал:

— Петр Саввич, да неужто меня не признал!

Грудкин даже отшатнулся.

— Яша! — воскликнул он и тотчас поправился: — Яков Васильевич!

— Ну, тебе-то я — навсегда Яша! — засмеялся Пряхов и крепко поцеловался с Грудкиным. — А это — мой друг, что брат, Савелов, Антон Петрович! Теперь веди нас в горницы да поесть дай!

Грудкин с низким поклоном распахнул двери и ввел приехавших в большую горницу, чисто убранную.

Савелов осмотрелся, и ему показалось, что на всем лежит след заботливых женских рук. Он опустился на лавку.

Грудкин скрылся и вернулся с двумя слугами, которые несли еду и питье. Слуги ушли. Они остались одни.

— Ну, сказывай, Петр Саввич, — заторопил Яков, — где батюшка с матушкой?

Грудкин беспокойно повернулся на лавке.

— Матушка твоя Богу душу отдала, — сказал он перекрестившись.

Яков вздрогнул и тоже перекрестился.

— Упокой ее душу, Господи! Ну, а батюшка, Катя, Соня?

Савелов при этом вопросе весь перегнулся.

Грудкин смущенно закашлял.

— Ох, натерпелись они, Яша, горя! И я с ними. Оплел их тут прощелыга Агафошка, оплел и оклеветал. Воевода и привяжись. Все животы повымотал. В скит батюшка схоронился. А тут офицер приехал, их искать...

— Это — я, — сказал Савелов.

Грудкин встал и поклонился.

— Не разгневайся, милостивец! Думал я, что ты не с добром, а с сыском. Сам я испугался, всех напугал, а тут Агафошка опять впутался. Ты-то на скит напал, скит спалили, а твой батюшка опять на Волгу ушел. Тогда и матушка померла твоя.

Яков снова перекрестился.

— А теперь-то они где?

— Теперь? Теперь они тут хоронятся.

— Здесь? — Яков и Савелов вскочили с лавок. — И ты молчал? Где они? Веди к ним! Ты подожди! — крикнул Яков Савелову и выбежал из горницы.

Старик Пряхов с дочерью действительно жил теперь у себя в доме, хоронясь ото всех и платя за то огромную дань воеводе. Тому было приятно и доброту показать, и деньгу собирать.

Грудкин уже уведомил старика. Яков вбежал наверх, где тот скрывался, и упал отцу в ноги.

— Батюшка, милый! — лепетал он радостно.

Старик наклонился к нему.

— Сынок мой!

Он не видел на нем петровского мундира и увидев не почувствовал прежней ненависти.

Они обнялись и заплакали.

— Осиротел я, обнищал, Яша, — проговорил старик.

— Нет, батюшка! — весело ответил Яков, — за царем служба не пропадает. Я награжден, да и тебе милости привез.

— Яша! — раздался оклик, и теплые руки обвились вокруг его шеи.

— Катюша! — ответил, жарко целуя сестру, Яков. — А где Соня.

— Здесь, — прошептала Софья.

Яков схватил ее за руку и подвел к отцу.

— Батюшка, там дальше что будет, а теперь на радостях благослови!

— Я что же? — растерялся старик. — Как он!

Но Грудкин только замахал руками.

— С детства они любятся!

— И за друга прошу, — продолжал Яков, обняв Софью, —

171

тут со мной приехал Катю сватать. Кабы не путали вы, он вас еще тогда выручил бы.

— Знаю, знаю! — ответил старик. — Да, вишь, пуганая ворона куста боится. Где же он-то?

— Там, в горнице!

Катя закрыла лицо руками и обняла Софью.

— Пойдем, батюшка!

Яков взял отца за руку, и они спустились вниз, и за ними — счастливые девушки и Грудкин.

Радостные Савелов с Яковом вошли во двор воеводы и сказались царскими посланцами.

Холоп мигом сбегал в приказ, и через минуту воевода, пыхтя и переваливаясь, шел к крыльцу, где ждали его гости.

— А, милостивец! — закричал он издали, узнав Савелова.

Тот крепко облобызался с ним.

— А с тобой кто?

— Или не узнаешь? — смеясь спросил Яков.

— Яков? Ты? Вот диво! И царский слуга?

— Выслужил перед государем, — ответил Яков.

— Ну, здравствуй, здравствуй! — воевода поцеловался с Пряховым и всполошился. — Что же мы не в горницу? Откушать надо хлеба-соли. Милости просим!

— Мы с делом к тебе.

— Дело что! Дело — не медведь, в лес не уйдет! От хлеба-соли грех отказываться.

Они вошли в горницу.

Слуги торопливо накрыли стол и уставили всякими яствами.

— Во здравие царя Петра Алексеевича! — сказал воевода, поднимая чару.

Они выпили.

— Какие же вести радостные? — спросил воевода.

— Еще фортецию взяли — Ниен называется; теперь вся Нева наша!

— Возблагодарим Господа! — сказал воевода. — А теперь за столь славную викторию выпьем!

И они опять выпили.

— А тебе от царя бумага, — сказал Савелов и, вынув из-за пазухи пакет, подал его воеводе.

— А ты бы уж и прочел его, милостивец. Глаза-то мои слабы, а дьяка звать неохота.

Савелов вскрыл пакет, развернул бумагу и прочел: "Псковскому воеводе Ферапонту Бельскому наказ. Дошло до нас, что некий проходимец Агафошка оговорил купца Пряхова,

172

что будто он наше Царское Величество гнусными словами поносил. Поелику сын его изрядно отличился, не может отец его таковые речи говорить, и считать все это оговором, а что Агафошке язык вырезать и в Сибирь послать на работы. А Пряхова найти, потери ему вернуть и дать ему торговать у нас — по всей России — беспошлинно. А наказ сей исполнить немешкотно. Государь всея Россеи Петр. Мая 8-го, года от Рождества Спасителя 1703".

— Вот! — сказал Савелов, протягивая воеводе бумагу.

— Так, — проговорил воевода, — Агафошки-то нету, где его сыщешь? А батюшка твой тут, в городе. Я его не теснил. Он тебе скажет про то.

Яков кивнул и встал.

— Теперь, воевода, мы у тебя прощенья просим. На угощенье спасибо. А ввечеру, может, забредешь к нам. Два обручения справляем, а там и свадьбы.

— Пир, значит?

Воевода радостно засмеялся.

— Это уж как водится.

За богатой трапезой сидели воевода, богатые купцы, Пряхов, Грудкин и Яков. Пряхов ожил. Прознав про царскую милость и возвращение сына к нему, тотчас собрались его друзья и теперь — забыв о всенощной — пировали за его столом.

— Отличился-то чем перед царем? — допрашивали Якова.

Тот рассказал про взятие Нотебурга и про свою догадку, про разведки, плен и бегство.

— О морской виктории расскажи, — подсказал Савелов.

— Самое занятное. За то и милости все получил! — засмеялся Яков и начал свой рассказ: — Донесли это царю, что два шведских корабля в Неву идут. Царь и задумал их взять, а меня призвал к себе, чтобы я дорогу ему указывал. Ну, и поехали. Я с царем...

Воевода даже привстал.

— А позади пятнадцать лодок и все с солдатами. А с другой стороны Меншиков и тоже с ним пятнадцать лодок. Приехали это мы, а уже ночь. Мы за островками и притулились, ждем. Ночь темная, бурная — и дождь, и ветер, нас так и качает.

— Господи, страхи какие! — пробормотал Грудкин.

— К утру тучи рассеялись, посветлело. Смотрю я, а шведские корабли такие ли огромные! Один — "Гедон" назывался — с десятью пушками, а другой еще больше — "Астрель" — тот с четырнадцатью пушками! А мы только с

173

ружьями да на лодках. Однако царь говорит: "Вперед!" — и сам с гранатой в руке.

Яков оживился и встал. Все замерли.

Яков рассказывал уже стоя:

— Как орлы полетели! Они из пушек одну лодку опрокинули, а мы — виват! — и — на них! Так и вцепились. Царь прямо на корабль, я за ним, а тут Меншиков со своими. Как мы пошли!

Яков взмахнул рукой, и жест его был настолько выразителен, что все поняли, каково пришлось шведам, если на них напала хотя сотня таких удальцов.

— Из ружей и стрелять бросили. Прямо прикладами. Поработали! Их всех было семьдесят семь человек, а осталось всего девятнадцать. Ну, и сдались!

Он замолчал и сел.

— Радости-то что было, как к нам эти корабли привели! — заговорил Савелов. — Такие ли огромные! Для царя — что светлый праздник! Первая морская виктория! Ну, и наградил он всех.

— Я тут его и попросил, — сказал Яков.

И всех охватило огромное чувство гордости за царя, который не боялся рисковать жизнью наравне со своими солдатами и для своей родины не жалел ни трудов, ни силы.

В славный день пятнадцатого мая, когда на берегах Невы Петр закладывал Петербург, во Пскове играли две свадьбы: Якова с Софьей и Савелова с Екатериной, и вряд ли в то время были люди счастливее их.

Матусов пил в это время с Фатеевым и утешал Багреева, безнадежно влюбленного в Екатерину из Мариенбурга, которую царь приблизил к себе, а впоследствии сделал своей супругой и императрицей.